Freunde des Herrn

10

Philippus Reisenberger OSB

THERESE VON LISIEUX

Freude – Frucht des Kleinen Weges

1996

Salterrae, Maria Roggendorf

Die Deutsche Bibliothek – CIP Einheitsaufnahme

Reisenberger, Philippus:
Therese von Lisieux: Freude – Frucht des kleinen Weges / Philippus Reisenberger. Salterrae, Maria Roggendorf. –
2. Aufl. – Maria Roggendorf: Salterrae, 1996
(Freunde des Herrn ; 10)
ISBN 3-901297-06-5
NE: GT

2. Auflage

ISBN 3-901297-06-5

Mit Druckerlaubnis des Erzbischöflichen Ordinariates Wien vom 12. Oktober 1995, Zl. 2989/95, Generalvikar Rudolf TRPIN

Fotos: les édition du cerf, Paris

Herstellung: Druckerei Ferdinand Berger & Söhne GesmbH, 3580 Horn

Medieninhaber: Salterrae, A-2041 Maria Roggendorf

ZWEI BITTEN - EIN DANK

108 Jahre nach Therese Martins Vorsprache bei Papst Leo XIII. beriet die IX. Generalversammlung der Bischofssynode im Vatikan (Oktober 1994) über vier Wochen hin das Thema "Das gottgeweihte Leben und seine Sendung in Kirche und Welt". Von Papst Johannes Paul II. delegiert, meldete ich mich am 10. Oktober mit nachstehendem Text in der Aula zu Wort: "... Dank für die Conclusio der 1. Relatio des Generalsekretärs dieser Synode für den Hinweis auf Therese von Lisieux! Dazu die Bitte an die Synodalen um die Vorbereitung eines Votums: "Der Lehrerin des 'kleinen Weges' möge bis zum 100. Jahrestag ihres Todes († 30. September 1897) der Titel 'Kirchenlehrerin' gegeben werden. Sollte sich so ihr Versprechen, 'Rosen' vom Himmel regnen zu lassen, nicht neuerdings gerade an jenen erfüllen, die das gottgeweihte Leben suchen? Zudem wird so ihr 'kleiner Weg' erst recht für viele im Blick auf das nahe Gedächtnis der Geburt Christi zur Hilfe werden."

Am 18. Oktober 1994 richtete ich an den Heiligen Vater die Bitte, die hl. Therese vom Kinde Jesu zur "Kirchenlehrerin" zu erheben. Nicht nur für Priester, Ordenschristen und - im besonderen als "Patronin der Missionen" - für die in der Evangelisierung tätigen Missionare sondern auch für ungezählte Laienchristen war und ist ihr 'kleiner Weg' eine unschätzbare Hilfe. Ihre Schriften lehren und ermutigen das "demütige Volk der Erde" (Am ha arez), die vom Herrn seliggepriesenen "Armen vor Gott", den steilen, steinigen, schmalen Weg zu gehen. Die hl. Therese von Lisieux hat selbst schon als junger Christ die vita consecrata in der Nachfolge Jesu Christi mit Sehnsucht erstrebt. Wir dürfen hoffen, daß sie als Vorbild den Jugendlichen durch ihre himmlische Fürsprache zur geistlichen Berufung helfen wird."

In seinem Schreiben vom 15. November 1994 versicherte Erzbischof Giovanni Batista Re, Substitut im Staatssekretariat, "in hohem Auftrag, daß Papst Johannes Paul II. von Ihrem Brief dankbar Kenntnis genommen hat und sich Ihnen für die aus der vorgetragenen Anregung sprechende tiefe Frömmigkeit aufrichtigst verbunden weiß. Seien Sie gewiß, daß alle mit derartigen Vorschlägen zu befassenden Verantwortlichen der Römischen Kurie auf angemessene Weise von Ihren Darlegungen in Kenntnis gesetzt werden, um Ihrem werten Anliegen weitestgehend entgegen zu kommen."

Wien, am 29. Juni 1995,
am Fest Peter und Paul

+ HH Card Groër OSB

H. H. Card. Groër OSB

VORWORT

Marie-Françoise-Thérèse Martin wird am 2. Januar 1873 zu Alençon in der Normandie geboren. Schon mit 15 Jahren erreicht sie die Erlaubnis zum Klostereintritt. In einer Zeit, die von Skepsis und - immer noch - vom Gottesbild des Jansenismus geprägt ist, findet sie einen neuen Zugang zu Gott: Sie stellt dem "Gott der Gerechtigkeit" den "Gott der erbarmenden Liebe" gegenüber. "Früh vollendet, hat sie, die Gerechte, doch ein volles Leben gehabt" (vgl. Weish 4,13): Am 30. September 1897 stirbt sie als Karmelitin in Lisieux.

Im Kloster erhält sie vorerst den Namen "Therese vom Kinde Jesus". Später, da ihr Vater von einer Geisteskrankheit heimgesucht wird, darf sie als Zusatz "und vom heiligen Antlitz" tragen. Dieser neue, "erweiterte" Name spiegelt auch ihre umfassende Lebensorientierung am Kind Jesus sowie am "leidenden Gottesknecht" wider. Damit vermag sie die ganze christliche Existenzweise zu umspannen: Leben - Sterben - Auferstehen. Das entspricht ihrer ersten ungetrübten Kindheit, der folgenden Früherfahrung des Leids, zuletzt auch ihrer Freude bringenden Leidenszeit.

Thereses "liebliche" Ausdrucksweise kann heute zu Verständnisschwierigkeiten, ja Fehlinterpretationen führen. Es ist die Sprache ihrer Familie und Umgebung, "ihrer kleinen

Welt" im bürgerlichen Frankreich des ausgehenden 19. Jahrhunderts, auch die Sprache damaliger Erbauungsliteratur. Therese spricht vom "Blumen streuen". In dieser harmlos-lieblichen Tätigkeit verbirgt sich eine viel tiefere Dimension, die sich im Text des Gedichtes erkennen läßt: "Blumen streuen bedeutet, als Erstlingsgabe die leisesten Seufzer, die größten Schmerzen darzubringen, meine Leiden und meine Freuden, meine kleinen Opfer. Das sind meine Blumen."[1)]

Die vorliegende Arbeit will den scheinbaren Widerspruch "Freude aus Leid und Leiden" und seine geistliche Fruchtbarkeit zeigen. Sie gibt im wesentlichen das wieder, was der Autor in seiner Diplomarbeit zur Erlangung des Magisteriums der katholischen Theologie erarbeitet hat. Dabei boten ihm u.a. die Publikationen der Theologen Hans Urs von Balthasar († 1988) und Guy Gaucher zum Thema "Therese von Lisieux" willkommene Hilfen.

"ÜBER DIE FREUDE"

Vorbemerkungen

Die Freude ist ein Phänomen des Geistes und des Herzens, aber auch ein "körperliches Erlebnis". Sie ist göttlichen Ursprungs, Produkt eines harmonischen Zusammenspiels aller menschlichen Bereiche und Ausdruck einer "gelösten", positiven Lebenseinstellung.[2] Freude ist auch die Grundstimmung und die Erfahrung des Friedens, der wiederum "Ruhe in der Ordnung" und Einssein mit Gott voraussetzt.[3]

Jeder Mensch verspürt in sich ein tiefes Verlangen nach Glück und Freude. Doch wie kann es gestillt werden – wie wird es gestillt? Gefährlich kann es dort werden, wo dies auf kurzschlüssige Weise durch Genuß oder Rausch nur oberflächlich geschieht. Unsere technisierte Gesellschaft konnte die Möglichkeiten zum Vergnügen zwar vervielfachen, aber ist dabei die Freude nicht auf der Strecke geblieben? Es gibt zwar Freuden, doch nur wenig Freude. Die wahre Freude entspringt anderen Gründen. Sie ist etwas Geistiges.

Der Vorwurf, es seien die Christen, die den Menschen durch ihre strengen Lebensregeln mit Geboten und Verboten die Freude nicht gönnten, beruht auf Mißverständnissen und ist auch Folge von Fehlhaltungen einzelner, die die Unbefangenheit des Schöpfungs- und Erlösungsglaubens verloren haben. In Wirklichkeit läßt das Wissen um Gottes Ja zur Schöpfung den Grundton echter Freude an allem Geschaffenen anklingen. Man braucht dabei nur an den bekannten "Sonnengesang" des Heiligen von Assisi zu denken.

Gott hat "den Menschen in seiner Würde wunderbar erschaffen und noch wunderbarer wiederhergestellt."[4] Tatsächlich kann das Weihnachts- und Ostergeheimnis, wie die Geschichte der Spiritualität in Ost und West zeigt, Quellgrund unbeschreiblicher Freude werden und bereits dieses Leben mit seinen Gefahren und Leiden verklären. Dazu gehört aber auch gleichzeitig der Mut, das Geheimnis des Kreuzes zu sehen und zu bejahen. Denn es gibt keine Verklärung und Osterfreude ohne den Gang der Nachfolge Jesu Christi: "Wer sich sein Herz von Ihm berühren ließ; wer den Gekreuzigten angenommen hat und, eben weil er den Gekreuzigten angenommen hat, die Gnade der Auferstehung kennt, der muß voll Freude sein. Im Annehmen des Kreuzes wird die Auferstehung sichtbar und die Welt neu, das Herz voll Freude."[5] Glaube und Taufe sind der einzige Weg der Teilhabe am Leben des Gekreuzigten und Auferstandenen. Im "Tagesgebet" vom Osterdienstag heißt es so treffend: "Allmächtiger Gott, Du hast Dein Volk durch die österlichen Geheimnisse befreit und gestärkt. Bleibe bei uns mit Deiner Gnade und führe uns zur vollkommenen Freiheit, damit der Osterjubel, der uns heute erfüllt, sich in der Freude des Himmels vollendet."

Eine Christenheit inmitten einer hochentwickelten Gesellschaft kann sich nicht mit den oberflächlichen Freuden dieser Zeit und Welt begnügen. Es muß ihr doch darum gehen, in glaubwürdiger Weise das Besondere der christlichen Hoffnung und Freude neu zu verkünden und zu leben - in seinem ganzen Umfang - in seiner ganzen Tiefe.[6)]

Leuchten uns dabei in Wort und Tat nicht gerade die Heiligen voran? Ist nicht gerade deren Freude - beispielhaft an Therese von Lisieux - das "Echo" auf die sich selbst verschenkende Liebe Gottes?

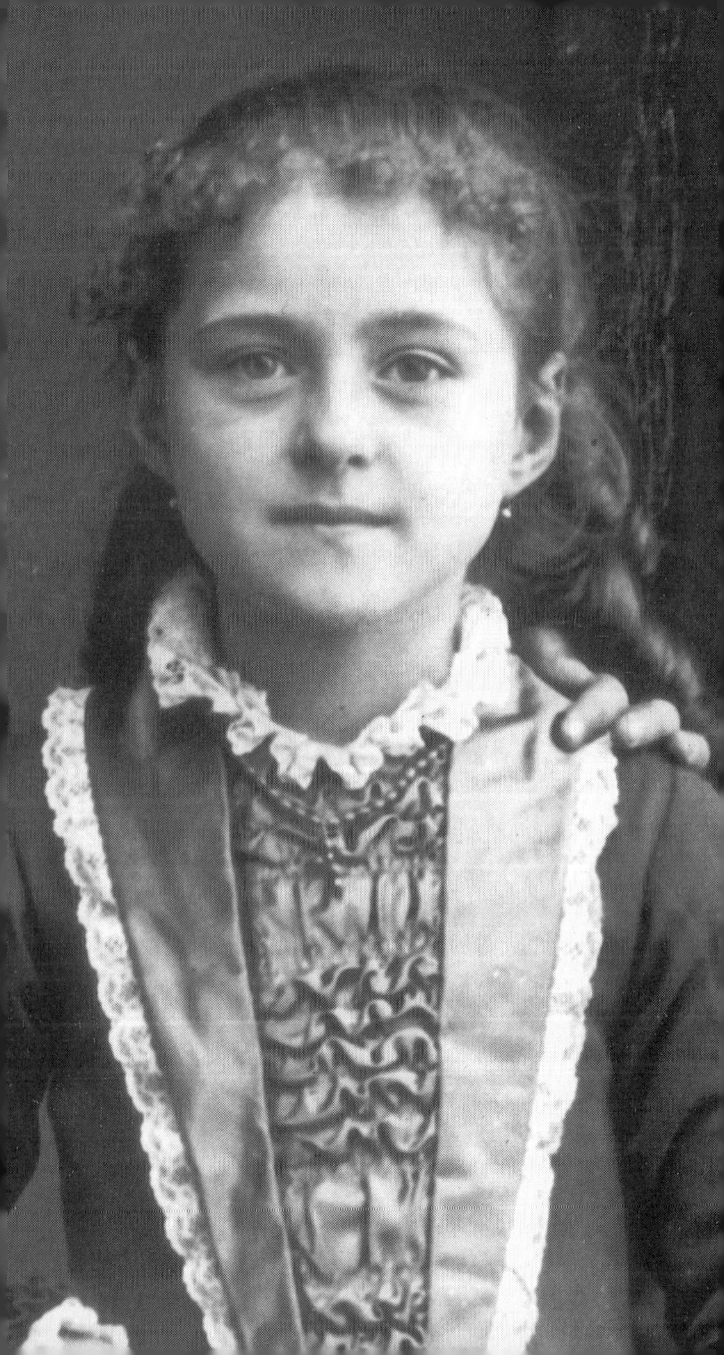

IN DER FAMILIE GEBORGEN

Die ersten Jahre

"Meine ersten Erinnerungen sind schon erfüllt mit Lächeln und zarten Liebkosungen!"[7] Als letztes von neun Kindern, von denen vier sehr früh starben, wird Therese besonders umsorgt und geliebt. Alles neigt sich über ihr Bettchen, sobald sie müde oder krank ist - sie, der "kleine Benjamin", der große Liebling der Familie Martin. Auf vielerlei Weise bezeugt auch sie den anderen ihre Zuneigung. Allerdings sind die Worte, deren sie sich dabei bedient, sehr seltsam. Das zeigt ein Brief ihrer Mutter: "Die Kleine ist ein unglaublicher Schelm. Soeben hat sie mich liebkost und mir dabei den Tod gewünscht: - 'O! wie gerne möchte ich, daß du stirbst, mein armes Mütterchen! ...' Man weist sie zurecht, da sagt sie: 'Es ist nur, damit du in den Himmel kommst; du hast doch gesagt, man müsse sterben, um hineinzukommen.'" Leider wird dieser Tod der Mutter sehr bald schon zur bitteren Wirklichkeit. "Auch ihrem Vater wünscht sie den Tod, wenn sie einen ihrer Liebesanfälle hat."[8] Diese Zeilen verraten, daß es Thereses Mutter an Humor nicht fehlt. Von Herrn Martin ist bekannt, daß er Wortspiele liebt und manch scherzhafte Ausdrücke verwendet wie: Jemand ist "geschmückt ... wie eine Kapelle"[9].

Könnte Therese von dieser Fröhlichkeit "verschont" bleiben?

In einem ihrer frühen Briefe schreibt sie, erst vierjährig - freilich nicht ohne fremde Hilfe: "Mein liebes Louis'chen. Ich kenne Sie zwar nicht, habe Sie aber dennoch sehr lieb. Pauline hat mir gesagt, ich soll Ihnen schreiben. Ich sitze auf ihrem Schoß, denn ich kann den Federhalter noch nicht allein halten. Sie will haben, daß ich Ihnen sage, ich sei eine kleine Faulenzerin, aber das ist nicht wahr, denn ich bin den ganzen Tag damit beschäftigt, meinen armen Schwestern Streiche zu spielen. Ich bin nämlich ein kleiner Wildfang, der immer lacht."[10] Wenn auch "ein kleiner Wildfang" mit einem "fast unüberwindlichen Eigensinn", hat sie doch ein "goldenes Herz"[11], wie aus einem Brief von Frau Martin an Tochter Pauline hervorgeht.

Mit vier Jahren erklärt sie der um vier Jahre älteren Céline, warum Gott allmächtig ist, und bezeichnet sie als "armes unglückliches Fräulein". Ihr ausgezeichnetes Gedächtnis erlaubt es ihr sehr bald, kleine Fabeln zu erzählen. Mit Leichtigkeit imitiert sie Personen, denen sie begegnet. So muß man sie zum Schweigen bringen, wenn sie den Gärtner nachahmt. Ihre Lebensfreude ergötzt die ganze Familie. Sie lacht, ist lustig vom Morgen bis zum Abend und singt aus vollem Herzen. Als "kleiner Schelm" liebt sie es, ihren Schwestern Streiche zu spielen.[12] Im Kreis ihrer Familie erfährt Therese innige Liebe, Geborgenheit und Glück. So kann sie später im übernatürlichen Bereich verwirklichen, was sie im natürlichen erlebt hat. Ihr Gottesbild wird von der Liebe der Eltern und zu den Eltern bestimmt. Deshalb ist die Lehre vom "kleinen Weg der geistigen Kindheit" Louis und Zélie Martin mitzuverdanken. Sie haben ihrer Therese Gott, der unvergleichlich mehr ist als Vater und Mutter, nahe gebracht. Diese Eltern Martin sind tieffromme Menschen. Sie hatten ursprünglich selbst ins Kloster eintreten wollen. Ihre Pläne und Wünsche waren aber unerfüllt geblieben. So muß es gar nicht verwundern, daß diese Familie für die heranwachsenden Kinder eine ideale Entfaltungsmöglichkeit geistlichen Lebens bietet und zu einer Art "Vorhof" zum Ordensstand wird.[13]

So weiß Therese schon sehr früh, was "Freude" ist, und will nicht nur die Empfangende sein, sondern ihrerseits auch anderen Freude bereiten. Später wird sie darin sogar ihr Glück finden. Schon im zarten Kindesalter beginnt sie jene Tugenden zu üben, die für sie so charakteristisch sein werden. Sie schreibt: "Das gefiel der kleinen Therese nicht, aber sie hütete sich, etwas davon verlauten zu lassen, hatte sie doch die gute Gewohnheit erworben, sich nie zu beklagen: Selbst wenn man ihr wegnahm, was ihr gehörte, oder wenn man sie zu Unrecht anklagte, zog sie es vor, zu schweigen und sich nicht zu verteidigen." Ihr geistiger Reifungsprozeß geht außergewöhnlich rasch vor sich, nicht zuletzt durch zwei Gegebenheiten gefördert: durch das Glück, in einer intakten Familie geborgen aufwachsen zu können, und - als Gegenpol dazu - durch das früh erfahrene Leid. "Wahrlich, alles lächelte mir auf Erden zu: ich fand Blumen auf Schritt und Tritt. Und mein glückliches Naturell trug ebenfalls bei, mir das Leben angenehm zu machen. Doch ein neuer Abschnitt sollte für meine Seele anbrechen: ich sollte durch den Schmelztiegel der Prüfung gehen und schon als Kind leiden lernen, um desto früher Jesus dargebracht werden zu können."[14)]

Die frohe, unbeschwerte Kindheit Thereses ist nicht von Dauer. Der Verlust der Mutter bewirkt in der Viereinhalbjährigen eine innere Veränderung. Sie, die sich immer lebhaft, heiter und mitteilsam gezeigt hat und die Freude des Hauses gewesen ist, wird nun schüchtern und überempfindlich: "Ein Blick genügte und ich zerfloß in Tränen; niemand durfte sich um mich kümmern, dann war ich zufrieden; ich konnte den Umgang mit fremden Leuten nicht ertragen und nur im trauten Familienkreis gewann ich meinen Frohsinn zurück."[15)] Ihr Vater gibt sich alle Mühe, es an zärtlicher Liebe nicht fehlen zu lassen. Viel Zeit widmet er seiner kleinen "Königin", wenn er im Gärtchen ihre selbstgebauten "Meisterwerke" bewundert, sie auf seinen Spaziergang oder zum Angeln mitnimmt. Auch die Geschwister tun ihr möglichstes, besonders Céline, die ihr am nächsten steht, und Pauline, die sie sich zur neuen Mutter erwählt. Rückblikkend bedauert Therese ihre Geschwister, die dem "kleinen Mädchen, das einer Schwachsinnigen glich", jede mögliche Fürsorge angedeihen ließen. "Niemand hat euch soviel Kummer verursacht wie ich, und niemand hat soviel Liebe empfangen wie ich, die ihr mich damit überschüttet habt... Zum Glück habe ich den Himmel, um mich zu 'rächen'."[16)]

Das Lächeln der Muttergottes

Die Verehrung der Mutter des Herrn durchdringt Thereses ganzes Leben; sie befindet sich in einer beständigen Nähe zu Maria. Celine bezeugt im Heiligsprechungsprozeß, daß Therese, noch keine vier Jahre alt, schon vor dem Altar Mariens betet und dabei ihrer Freude Ausdruck verleiht, indem sie in die Hände klatscht und hüpft, wenn sie dort viele Blumen sieht.[17)]

Wenn man ihre vielen Aussagen über die Gottesmutter überdenkt, kann man über deren Fülle nur staunen. Therese hat uns demnach viel über Maria zu sagen, obwohl das nicht den Hauptteil ihres "kleinen Weges" ausmacht.

Was so anziehend an der Art ihrer Marienverehrung auffällt, ist die Frische und Lebendigkeit ihrer Beziehung: "Zuweilen überrasche ich mich, wie ich ihr sage: 'Aber gute Mutter Gottes, ich finde, daß ich glücklicher bin als du. Denn ich habe dich zur Mutter, und du hast keine Hl. Jungfrau, die du lieben kannst ... Zwar bist du die Mutter Jesu, aber diesen Jesus hast du uns ganz und gar gegeben ... und Er hat dich uns am Kreuz zur Mutter gegeben. So sind wir also reicher als du, weil wir Jesus besitzen und auch du uns gehörst' ... Sicherlich wird die Heilige Jungfrau über meine Einfalt lächeln, doch was ich ihr sage, ist durchaus wahr!"[18)]

Es ist anzunehmen, daß diese besondere Liebe nicht so sehr von Therese ausgeht, sondern vielmehr "von oben". Neubert stellt die rhetorische Frage: "Hat es jemals eine heilige Seele gegeben, die sich so sehr mit der Jungfrau identifiziert hat wie Therese vom Kinde Jesu?"[19)] Will man diese Frage mit dem erwarteten "Nein" beantworten, dann kann man das nicht anders erklären, als daß die Liebe Marias zu Therese der Liebe Thereses zu Maria zuvorgekommen ist und ein unsichtbares Lächeln der Gottesmutter jenem sichtbaren Lächeln vorausgeht, durch das die Zehnjährige von ihrer schweren Kankheit geheilt wird. Jenes unsichtbare Lächeln ist das umfassendere, denn es bezieht sich nicht nur auf die Wiederherstellung der Gesundheit, sondern auf die Entfaltung ihres ganzen weiteren Lebens.[20)]

Man muß bedenken, daß Therese die Mutter des Herrn wirklich gesehen hat und daß ihr diese geistigerweise immer vor Augen steht. Ein solches Erlebnis ist einfach unvergeßlich. Daraus entspringt eine zarte und zugleich begeistert-fröhliche Liebe. In ihrer Marienverehrung wirkt nichts abstrakt oder unnatürlich. In den verschiedenen Lebensabschnitten empfindet sie es als ein Glück, diese Jungfrau und Mutter aus vollem Herzen lieben zu dürfen. So sehr ist sie von dieser Liebe erfüllt, daß ihr Maria niemals fern ist, auch wenn sonst alles dunkel und undurchsichtig wird: "Nein, die heilige Jungfrau wird für mich niemals verborgen sein, ich liebe sie zu sehr."[21)] Immer kann Therese bei Maria Trost und Wegweisung finden, sodaß sie sich veranlaßt fühlt, das Leben der Jungfrau von Nazaret nachzuahmen.

Einen sichtbaren Höhepunkt ihrer Marienbeziehung bildet Thereses wunderbare Heilung. Nach dem Tod der Mutter wird Pauline ihre neue "Mutter". "Eines Tages hatte ich zu Pauline gesagt, daß ich Einsiedlerin sein, mit ihr in eine ferne Wüste ziehen möchte; sie hat mir erwidert, dies sei auch ihr Wunsch, und sie werde warten mit (dem) Weggehen, bis ich groß genug sei." Pauline hat das Versprechen, das sie dem Kind gegeben hat, aber vergessen. Da erfährt Therese zufällig von dem bevorstehenden Klostereintritt. Sie ist im Begriff, ihre zweite Mutter zu verlieren: "In einem Augenblick begriff ich, was das Leben ist, bis dahin war es mir nicht so traurig erschienen, aber es zeigte sich mir in seiner ganzen Wirklichkeit, ich sah, daß es nur Leid ist und beständige Trennung. Ich vergoß gar bittere Tränen, denn ich verstand noch nicht die Freude, die im Opfer liegt."[22] Für das empfindsame Mädchen führt dieser zweite schwere Verlust zu einer sehr ernsten Erkrankung: Sie "litt sehr unter diesem zwanghaften und unerklärlichen Kampf."[23] Das Übel tritt vor allem am Tag der Einkleidung "ihrer" Pauline in Erscheinung. Zur Zeit, da es Therese sehr schlecht geht, erbittet der Vater eine Meßnovene in Notre-Dame-des-Victoires.

Auch die Kranke erkennt, daß sie von natürlichen Mitteln keine Heilung erwarten kann; sie wendet sich an die Mutter Jesu und bittet von ganzem Herzen, sich ihrer doch endlich zu erbarmen. "Plötzlich erscheint mir die Muttergottes schön, so schön, daß ich nie Schöneres gesehen hatte, ihr Antlitz atmete unaussprechliche Güte und Zärtlichkeit; was mir aber bis ins Innerste der Seele drang, das war das 'bezaubernde Lächeln der seligsten Jungfrau'. Da zerstoben alle meine Leiden, zwei dicke Tränen entquollen meinen Augen und rollten lautlos über meine Wangen; aber es waren Tränen ungetrübter Freude ... O! dachte ich, die Seligste Jungfrau hat mir zugelächelt, was bin ich glücklich."[24)]

Will man nun die Erscheinung der Gottesmutter, durch die Therese geheilt wird, mit anderen Erscheinungen wie mit denen in Lourdes oder Fatima vergleichen, kann man wesentliche Unterschiede feststellen: Dort erhalten die Seherkinder klare Weisungen, sie hören die Mutter des Herrn sprechen und empfangen den Auftrag, ihre Botschaft weiterzugeben. Die "Jungfrau vom Lächeln" spricht nicht, und Therese erkennt, daß es auch für sie besser ist, nichts weiterzusagen. Doch weiß sie sich schließlich von ihren Schwestern entdeckt und erzählt alles, worauf auch ihr ganzes Glück wieder schwindet. Das milde Lächeln ist eben nur für sie allein bestimmt. Das scheint einen tieferen Sinn zu haben. Therese ist berufen, den "kleinen Weg" zu gehen und dabei auf alles Außergewöhnliche zu verzichten. Daher kann diese Erscheinung nicht im Zentrum ihrer "Botschaft" stehen, ist aber für Therese eine Hilfe zu noch innigerer und persönlicherer Beziehung zu Maria. Sie entdeckt im Evangelium Maria auf dem Weg der Einfachheit und der schlichten Tugenden des gewöhnlichen Alltags. Der "kleine Weg" ist für sie auch das Nachgehen des Weges der Gottesmutter, die den Weg zum Himmel durch die Übung gerade der verborgenen Tugenden sichtbar macht.[25]

Am Tag ihrer Erstkommunion darf Therese, die ihre Mutter so früh verloren hat, im Namen ihrer Gefährtinnen einen Weiheakt an die Seligste Jungfrau vorbeten. "Mit meinem ganzen Herzen redete ich zu ihr, weihte ich mich ihr, so wie ein Kind sich in die Arme seiner Mutter wirft und sie um ihre Obhut bittet. Mir scheint, die Mutter Gottes mußte ihre kleine Blume anschauen und ihr zulächeln, war nicht sie es, die sie durch ein sichtbares Lächeln geheilt hatte?"[26] Das Lächeln Marias muß sich tief in ihr Inneres eingegraben haben, da sie es immer wieder erwähnt. Therese weiß sich bei Maria geborgen wie ein Kind, das mit allem, mit Freud und Leid zu seiner Mutter kommen darf: "Welche Freude zu denken, daß diese Jungfrau unsere Mutter ist! Weil sie uns liebt und unsere Schwachheit kennt, was haben wir da zu fürchten?"[27]

Therese übt die kleinen und verborgenen Tugenden Mariens. Sie ahmt ihre Armut und ihr Schweigen nach, geht mit ihr den Weg des Glaubens und vereinigt ihr Leiden mit dem der Schmerzhaften Mutter. "Sie (Therese) hatte, soweit wir das erschließen können, charakterliche Ähnlichkeit mit der Jungfrau: ihr Temperament, ihre eigene Natur scheinen dem mehr zu entsprechen, was wir von Maria erahnen können, als dem Temperament und der eigenen Natur der heiligen Teresa von Avila. Therese hatte unter den Heiligen, die wir kennen, in einem seltenen Grad eine natürliche Ähnlichkeit mit der Jungfrau, wie wir sie durch den heiligen Lukas kennen. Beide haben etwas Direktes, Klares, Erfrischendes an sich, ohne Umschweife und Kompliziertheit. Sie sind weise durch äußerste Konzentration, manchmal aufjubelnd, doch sehr schnell wieder ins Schweigen zurückgebunden, gerne auf Zeichen hinhorchend, ohne sie jedoch zu suchen."[28)]

Bezeichnend für Thereses Marienliebe sind auch die Worte: "Fürchte nicht, Du könntest die Muttergottes zu sehr lieben. Niemals wirst Du sie genug lieben, und Jesus freut sich darüber, weil sie seine Mutter ist."[29)] Therese selbst ist für uns zum "Abbild des Lächelns der Jungfrau Maria" geworden.[30)] Dies wird umso deutlicher, wenn man am Totenbett steht und das Antlitz[31)] der Heiligen betrachtet: Es gleicht eher dem einer friedvoll Schlafenden als dem einer Verstorbenen.

"Bekehrung" in der Heiligen Nacht

In psychischer Hinsicht bleibt Therese anfällig, ihre Umgebung gibt sich jede Mühe, ihr alle ihre Wünsche von den Augen abzulesen. Ihre Schwestern, die ihr das Geheimnis der lächelnden Jungfrau entlockt haben, unterrichten die Karmelitinnen davon. Therese wird mit Fragen bedrängt und ist zuletzt selbst ganz verunsichert. Sie quält sich mit Schuldgefühlen: Hat sie am Ende gelogen? Auch der Beichtvater kann sie nicht beruhigen. Zwölf Jahre später gibt sie ihre eigene Interpretation: "Die Krankheit, die mich befiel, kam sicher vom bösen Geiste; voller Wut über Ihren (Paulines) Eintritt in den Karmel, wollte er sich an mir rächen für den Schaden, den unsere Familie ihm in Zukunft noch zufügen sollte."[32] Trotz der wunderbaren Heilung werden die Schuldgefühle und Zweifel sie noch fünf Jahre lang quälen bis hin zu jenem denkwürdigen 25. Dezember 1886, an dem sie den ersten großen Sieg über sich erringt.

In jener Nacht, da der Herr selbst sich schwach und leidend macht, stärkt und ermutigt Er Therese. - Was ist geschehen? Von der Mitternachtsmette heimgekehrt, will Therese, wie es dem alten Brauch entspricht, die Geschenke aus den "verzauberten Schuhen" hervorholen. Doch da hört sie den sehr ermüdeten Vater sagen: "Nun, gottlob ist es das letzte Jahr!"[33] Diese Worte durchbohren ihr Herz. So schmerzlich das für sie ist, so heilsam wirkt es auch. Jesus hat ihr Herz gewandelt. Sie drängt die aufsteigenden Tränen tapfer zurück und zieht die Gaben - zur Überraschung Célines und zur Freude aller - dennoch in aller Fröhlichkeit aus den Schuhen hervor. Damit erlangt sie ihre Seelenstärke wieder, die sie mit viereinhalb Jahren verloren hat.

Ihr so empfindsames Gemüt hat sie in dieser Zeit viele Tränen vergießen lassen. Aber wie durch ein Wunder ist sie von den Fehlern und Unvollkommenheiten der Kindheit plötzlich befreit. In jener Nacht wurde eine "andere" Therese Martin geboren. Nach mehreren Jahren hat Er sie aus dem schlimmen Traum heraustreten lassen. Ihre seltsame Krankheit und die quälenden Skrupel waren dessen dramatischeste Augenblicke. – Ein tief einschneidendes Ereignis! Gott hat sie aus dem Schiffbruch gerettet und sie "selbst für den Krieg gerüstet."[34] Diese Stunde der Gnade bewirkt den Übergang von der traurigsten Periode ihres Lebens zur dritten und allerschönsten: "Ich fühlte die Liebe in mein Herz einziehen, das Bedürfnis, mich selbst zu vergessen, um (anderen) Freude zu machen, und von da an war ich glücklich!"[35] In dem darauffolgenden Jahr blüht sie in jeder Hinsicht auf, doch wird das von ihrer Umgebung – ausgenommen Céline – nicht unmittelbar wahrgenommen.[36]

DEM KLOSTER ENTGEGEN

Der drängende Ruf

Celine ist die Vertraute ihrer Gedanken. Seit der Weihnachtsgnade spielt ihrer beider Altersunterschied (fast vier Jahre!) kaum noch eine Rolle. Vorher hat sich die Kleine oft beklagt, daß sie die Geheimnisse Célines nicht kenne. Sie müsse erst "um die Höhe eines Schemels" wachsen, bekommt sie von der älteren Schwester zu hören. "Wenn ich bei ihr war, stieg ich gerne auf den kostbaren Schemel und bat sie, doch vertrauensvoll mit mir zu sprechen, aber mein Eifer war vergeblich." Der Herr läßt die beiden auch "der Seele nach Schwestern"[37)] werden. Alles um sie herum entspricht ihrem Geschmack, man gewährt ihnen größtmögliche Freiheit. Ihr Leben ist "der Inbegriff des Glücks auf Erden ... Kaum hatten wir Zeit gehabt, diesen Inbegriff des Glücks zu genießen, als es galt, sich freiwillig davon abzuwenden."[38)] "Der Göttliche Ruf war so drängend, daß, hätte ich durchs Feuer gehen müssen, ich es getan hätte, um Jesus treu zu sein."[39)] Von da an ist ihre feste Entschlossenheit zu verstehen, mit der sie mit allen zu Gebote stehenden Mitteln in den Karmel drängt. Ein großes Opfer ist der Familie Martin auferlegt. Den Vater kostet der Entschluß seiner Jüngsten zum Klostereintritt zwar Tränen, aber er spricht bereitwillig sein "Fiat". Nachdem eine weitere, größere Hürde - Thereses Onkel - genommen ist, bringt ihr das Gespräch mit dem Superior des Klosters und mit dem zuständigen Bischof die große Enttäuschung, das "Noch nicht!" dieser beiden. "Meine Zukunft schien mir für immer vernichtet; je näher ich dem Ziel kam, um so verwickelter schien meine Angelegenheit zu werden. Meine Seele war in Bitterkeit getaucht, aber auch in Frieden, denn ich suchte nur den Willen des lieben Gottes."[40] Doch gilt es, keine Zeit zu verlieren, denn sie hat das Datum ihres Eintritts bereits festgelegt: den 25. Dezember 1887, den Jahrestag ihrer "Bekehrung". So bleibt ihr nichts anderes übrig, als "die Festung des Karmel mit des Schwertes Spitze"[41] zu erkämpfen.

Zum Papst!

Nur drei Tage nach dem enttäuschenden Gespräch mit dem Bischof von Bayeux und Lisieux treten Herr Martin und seine Töchter Celine und Therese die Reise in die Ewige Stadt zum Papst an. Sie beteiligen sich an der Pilgerfahrt, die anläßlich des Goldenen Priesterjubiläums von Leo XIII. organisiert wurde. Vor der Abreise bleiben den Martins in Paris noch zwei Tage zur Besichtigung der Stadt. Sie nehmen auch an einer Meßfeier in der ihnen so lieb gewordenen Kirche Notre-Dame-des-Victoires teil. Therese wird dabei von ihren Zweifeln zum Lächeln der Jungfrau befreit: "Was ich zu ihren (Unserer Lieben Frau vom Siege) Füßen empfand, vermag ich nicht auszusprechen ... Die Gnaden, die sie mir gewährte, bewegten mich so tief, daß ich mein Glück nur in Tränen ausdrücken konnte." Sonst im Gespräch mit fremden Leuten so schüchtern, fühlt sie sich plötzlich "von diesem peinlichen Fehler ganz frei."[42)]

Während der Bahnfahrt durch die Schweizer Bergwelt ist die künftige Nonne weit davon entfernt, ihre Augen vor den Wundern der Natur zu verschließen. Der Atem stockt ihr beinahe beim Anblick der schneebedeckten Berggipfel, der Schluchten und der Wasserfälle.

Auf dieser Reise lernt sie "die Welt" kennen, sie nächtigt in fürstlichen Hotels und ist von Reichtum, Luxus und vornehmen Leuten umgeben. Dabei begreift sie, "daß die wahre Größe in der Seele liegt und nicht im Namen."[43)] Weiters erkennt sie, daß Reichtum nicht glücklich machen kann: "Die Freude findet sich nicht in den Dingen, die uns umgeben, sie findet sich im Innersten der Seele, man kann sie ebensogut in einem Gefängnis wie in einem Palast besitzen, als Beweis kann ich anführen, daß ich im Karmel trotz innerer und äußerer Prüfung glücklicher bin als in der

Welt, wo ich von den Annehmlichkeiten des Lebens und vor allem den Freuden des Familienlebens umringt war!"[44)]

Sollte sie nach Rom gekommen sein, ohne ins Kolosseum hinabzusteigen? Das wäre für Therese unerträglich: "Ich lauschte nicht länger den Erklärungen des Führers, ein einziger Gedanke beherrschte mich: Hinab in die Arena! ... Ich sah einen Arbeiter mit einer Leiter vorübergehen und wollte ihn schon um sie angehen, glücklicherweise gab ich den Gedanken auf, denn er hätte mich für verrückt gehalten." Schließlich entdeckt sie, wonach sie gesucht hat: "Ich stieß einen Freudenschrei aus und sagte zu Celine: 'Komm schnell, wir werden durchkommen!' Sofort stiegen wir über das Gatter an einer Stelle, wo die Trümmer bis zu ihm reichten, und kletterten dann über die Ruinen hinunter, die unter unseren Füßen wegbröckelten. Erstaunt über unsere Verwegenheit, blickte uns Papa nach ... Wie der Mut der Krieger mit der Gefahr wächst, steigerte sich auch unsere Freude im Verhältnis zu unseren Anstrengungen ... Mein Herz klopfte heftig, als meine Lippen den Sand berührten, den das Blut der ersten Christen gerötet hatte." Der Vater sieht die beiden Ausreißerinnen "in ihrem Glück", so kann er sie nicht schelten. Dazu Therese: "Und ich bemerkte sogar, daß er auf unseren Mut stolz war."[45)]

Therese handelt "wirklich allzu verwegen", wie sie selber bekennt: "Immer mußte ich Mittel und Wege finden, alles zu berühren ... Gott, der auf den Grund der Herzen sieht, weiß zum Glück, daß meine Absicht rein war, und daß ich um nichts in der Welt Sein Mißfallen erregen wollte; ich handelte Ihm gegenüber wie ein Kind, das für sich alles erlaubt hält und die Schätze seines Vaters als die eigenen betrachtet." Die Pilgergruppe besucht einmal ein Karmeliterkloster. Therese will sich aber nicht damit begnügen, nur die äußeren Gänge zu besichtigen, daher dringt sie weiter ins Innere vor. Dabei begegnet sie einem alten Karmeliter, der durch Zeichen zu verstehen gibt, daß sie fortgehen solle, doch "als er sah, daß er kein feindliches Wesen vor sich hatte", lächelt er ihr gütig zu und entfernt sich. "Hätte ich italienisch sprechen können, so hätte ich ihm gesagt, ich sei eine künftige Karmelitin, doch wegen der Erbauer des Turmes zu Babel war mir das unmöglich." "Ich kann noch immer nicht verstehen, warum die Frauen in Italien so leicht exkommuniziert werden. Jeden Augenblick sagte man uns: 'Hier dürfen sie nicht hinein ..., dort dürfen sie nicht hinein, sonst sind sie exkommuniziert!'"[46]

Der "Gipfelpunkt" dieser und der weiteren "mutigen" Abenteuer Thereses in Italien ist ohne Zweifel ihre Kühnheit - trotz ausdrücklichen Verbots! - den Heiligen Vater anzusprechen. Sehnlichst hat die erst 14jährige auf den Tag gewartet, von dem so viel abhängt. Wie groß aber ist die Enttäuschung, daß sie die erhoffte Zustimmung des Papstes zum Eintritt in den Karmel nicht erhält. Sie fühlt sich "vernichtet" - wie ein durchbohrter Ball: "Er (Jesus) wollte sehen, was in ihm war, und nachdem Er es gesehen, ließ Er, von Seiner Entdeckung befriedigt, Seinen kleinen Ball fallen und schlief ein." Diese Prüfung stellt Thereses Glauben auf eine harte Probe, doch gibt sie nicht auf, wider alle Hoffnung zu hoffen (vgl. Röm 4,18). Im Grunde ihres Herzens ist sie in tiefem Frieden. Sie tut ja alles, was in ihren Kräften steht, um dem Ruf Gottes Folge zu leisten: "Aber dieser Friede ruhte ganz auf dem Grund, während meine Seele von Bitterkeit erfüllt war, denn Jesus schwieg. Er schien abwesend, nichts verriet mir Seine Gegenwart."[47] Ihre Ergebenheit in die Situation drückt sie wie folgt aus: "Ich bin ja der kleine Ball des Jesuskindes. Wenn Es Sein Spielzeug zerschlagen will, steht Ihm das frei. Ja, ich will gern alles, was Es will."[48]

Nach ihrer Rückkehr aus Rom hat Therese von dieser Erde Schönheiten nun genug gesehen. Jetzt verlangt sie nach denen des Himmels; und um sie den Seelen vermehrt zuwenden zu können, will sie eine "Gefangene" werden, eine "Gefangene der Liebe": "Doch ehe sich die Pforten des gesegneten, von mir so ersehnten 'Gefängnisses' für mich öffnen sollten, hieß es noch kämpfen und dulden." Am 28. Dezember 1887 schreibt Bischof Hugonin an die Priorin des Karmels einen Brief, in dem er ihr die Entscheidung über den Eintritt überläßt. Nach langer Geduldprobe, die Therese an Hingabe und Tugend wachsen läßt, sollten sich am 9. April 1888 für sie die Pforten des Karmels endlich öffnen.

Was Pauline mit 20 Jahren und Marie mit 26 erlebten, das erfährt Therese nun mit 15: die Bereitstellung der Aussteuer, das endgültige Verlassen ihres Zimmers, die letzte Mahlzeit zusammen mit Onkel Guérin und Familie. Am nächsten Morgen finden sich alle zur Heiligen Messe in der Karmelkapelle ein, dann folgt der schmerzliche Abschied. Therese kniet vor ihrem Vater nieder, um den Segen zu erbitten, auch er kniet nieder und segnet sie – unter Tränen.[49)] "Es war ein Schauspiel, das die Engel erfreuen mußte." Ein paar Augenblicke später schließt sich die Pforte. Nun umarmen sie die Schwestern, führen sie in den Chor und dann in ihr Zimmer: "Es war eine ruhige Freude, die mich erfüllte; nicht das leiseste Lüftchen kräuselte die stillen Wasser, auf denen mein Schifflein dahinsegelte; keine Wolke trübte meinen klaren Himmel." Sie findet sich voll entschädigt für alles, was sie durchlitten hat: "Mit welch tiefer Freude wiederholte ich die Worte: 'Nun bin ich hier für immer!'" "So waren meine Wünsche endlich erfüllt, meine Seele empfand einen so süßen, so tiefen Frieden, daß ich unmöglich Worte dafür finden kann."[50)]

IM KARMEL

Mutter Geneviève

Therese erfährt das Klosterleben so, wie sie es sich vorgestellt hat: "Dies Glück war kein vergängliches, es sollte sich nicht mit 'den Illusionen der ersten Tage' verflüchtigen"[51)], nichts überrascht sie, kein einziges Opfer. Sie wird noch am Vortag ihrer Profeß von argen Zweifeln über ihre Berufung geplagt, aber nach einer Aussprache mit der Novizenmeisterin sind sie schon wieder verschwunden. Am Morgen des darauffolgenden 8. September 1890 ist sie von Frieden ganz "überflutet": "Und in diesem 'alles Fühlen übersteigenden' Frieden sprach ich meine Heiligen Gelübde." Diese Lebenshingabe vollzieht sich nicht "in Blitz und Donner", "sondern im Schoß eines leichten Windhauchs, dem ähnlich, den ... Sankt Elias auf dem Berg vernahm."[52)]

Als unschätzbare Gnade erachtet es Therese, neben einer Heiligen leben zu dürfen; als solche bezeichnet sie Mutter Geneviève, die auch die Gründerin des Karmel von Lisieux ist. Ihrer Gewohnheit nach will sie diese alte, bettlägrige Schwester wieder einmal kurz besuchen, findet aber dort schon zwei andere Besucherinnen; sie will darum gleich wieder gehen, die Kranke aber sagt: "Warten

Sie, Töchterchen, ich möchte Ihnen nur ein Wort sagen: Jedes Mal, wenn Sie kommen, bitten Sie um einen geistlichen Blumenstrauß; schön, heute gebe ich Ihnen diesen: Dienen Sie Gott mit Frieden und Freude; denken Sie daran, mein Kind, unser Gott ist der Gott des Friedens!" Therese bedankt sich und geht hinaus, sie ist "zu Tränen gerührt", denn sie ist überzeugt, Gott habe der Schwester den Zustand ihrer Seele gezeigt. Gerade an diesem Tag ist sie sehr betrübt: Sie weiß nicht mehr, ob Gott sie überhaupt noch mag. Dann aber hört sie diese wohltuenden Worte aus dem Mund der ehrwürdigen Mutter Gründerin. Jahre später erzählt sie in der an Mutter Agnes, ihre Oberin, gerichteten Selbstbiographie: "Sie können sich vorstellen, geliebte Mutter (Agnes), wieviel Freude und Trost ich nun empfand!" Damals meinte Therese nämlich, Mutter Geneviève hätte eine Offenbarung ihres Seelenzustandes gehabt. Als die Hochbetagte das aber verneinte, wurde Thereses Bewunderung nur noch größer.

Nach dem Tod von Sr. Geneviève verweilte Therese längere Zeit an deren Totenbett. Zunächst überkam sie eine Art Empfindungslosigkeit. Dazu berichtet sie: "Doch im eigentlichen Augenblick der Geburt unserer heiligen Mutter Geneviève zum himmlischen Leben änderte sich meine Gemütsverfassung; mit einem Schlag fühlte ich mich von unaussprechlicher Freude und Inbrunst erfüllt, es war, als hätte Mutter Geneviève mir Anteil geschenkt an der Glückseligkeit, die sie genoß, denn ich bin überzeugt, daß sie geradewegs in den Himmel ging."[53] Mit dieser Schwester hat Therese ein Vorbild der Tugend verloren.

Ungeachtet des zeitlichen Abstandes seien in diesem Zusammenhang zwei bemerkenswerte Parallelen festgehalten. Die eine: Vor Ablegung der Gelübde mußten beide Ordensfrauen die gleiche Prüfung bestehen: die Zweifel an ihrer Berufung. Die andere: Wie Sr. Therese am Totenbett einen friedvoll-lächelnden Gesichtsausdruck hinterläßt, so stellt sie selbst (Jahre zuvor) bei Sr. Geneviève, der Gründerin ihres Karmels Ähnliches fest: "Sofort nach ihrem Tod breitete sich ein Ausdruck der Freude und des Friedens auf ihren Zügen aus, sie schien sanft zu schlummern, und so war es auch, denn wenn die Gestalt dieser Welt vergangen sein wird, werden sie erwachen, um die ewigen Freuden zu genießen, die den Auserwählten vorbehalten sind."[54] Dieser Schwester - im Traum erhält sie von ihr sogar "das Herz geschenkt" - verdankt Therese viel, besonders die Worte, die eine Art Vermächtnis sein sollten: "Dienen Sie Gott mit Frieden und mit Freude!"

Der "kleine Weg"

Hinführung

Céline, Thereses Herzensvertraute, berichtet vom Seligsprechungsprozeß ihrer Schwester: "Als mich ... der kirchlich Beauftragte fragte, warum ich die Seligsprechung Schwester Thereses wünschte, antwortete ich ihm: 'Nur, damit ihr 'kleiner Weg' bekannt wird.' So nannte sie ihre Spiritualität, ihre Art, Gott entgegenzugehen. Auf den Einwand: 'Wenn Sie von einem `Weg` sprechen, wird der Prozeß unvermeidlich eingestellt, wie es schon in ähnlichen Fällen geschehen ist', antwortet sie: 'Das tut mir leid' ... 'Die Furcht, der Prozeß von Schwester Therese werde fallengelassen, kann mich aber auch nicht daran hindern, den Punkt, der für mich von Interesse ist, zu betonen: daß der 'kleine Weg' kirchlicherseits Anerkennung findet.'"[55] Céline hält daran fest - und der Prozeß geht weiter. Sie freut sich auch über die Ansprache Papst Benedikts XV., der die "geistige Kindschaft" besonders hervorhebt.

Vorerst denkt Therese nicht daran, eine "neue" Lehre aufzustellen und zu formulieren, dennoch tut sie es, indem sie mit großer Kühnheit und Nachdruck elementare Wahrheiten der Heiligen Schrift neu ans Licht stellt. Der Weg, den sie zeigt, ist nicht "einer unter anderen", sondern *der* Weg zu Gott, weil er der Weg der Liebe des Kindes zum Vater ist: "Jesus gefällt es, mir den einzigen Weg zu zeigen, der zu diesem Göttlichen Glutofen führt, dieser Weg ist die Hingabe des kleinen Kindes, das ohne Angst in den Armen seines Vaters einschläft."[56] Therese weiß um die Worte Jesu im Matthäusevangelium: "Wenn ihr nicht umkehrt und wie die Kinder werdet, könnt ihr nicht in das Himmelreich kommen. Wer so klein sein kann wie dieses Kind, der ist im Himmelreich der Größte." (Mt 18,3f) "Ich preise dich, Vater, Herr des Himmels und der Erde, weil du all das den Weisen und Klugen verborgen, den Unmündigen aber offenbart hast." (Mt 11,25) So gut sich diese Aussprüche auch in Thereses geistliches Wesen einfügen mögen, so bewirken sie die Entdeckung des "kleinen Weges" eigentlich doch wieder nicht.[57] Es sind ja vor allem alttestamentliche Schriftworte, die ihr diese "Offenbarung" vermitteln: "Wenn einer ganz klein ist, so komme er zu mir." (Spr 9,4) "Barmherzigkeit wird den Kleinen gewährt." (Weish 6,9) "Wie eine Mutter ihr Kind liebkost, so werde ich euch trösten; an meinem Busen werde ich euch tragen und auf meinen Knien euch wiegen." (Jes 66,12f)[58] Endgültig wird der "kleine Weg" im September 1896 und im Juni 1897 dargelegt: "Sie fühlt sich eindeutig als Trägerin von etwas schlechthin Neuem."[59] "Prophetisch" erklärt sie: "Jedermann wird mich lieben." "Nach meinem Tod dürfen Sie mit niemandem über mein Manuskript reden, bevor es im Einverständnis mit unserer Mutter veröffentlicht ist. Tun Sie anders, so wird Ihnen der Teufel eine Falle stellen, um das Werk des lieben Gottes zu verhindern und zu verderben, ein gar wichtiges Werk."[60] So sicher ist sich Therese ihrer Sache, daß sie kein unnötiges Risiko duldet.

Was das "Sitzen zur Rechten und Linken Jesu" betrifft, so weiß sie, daß diese Plätze vom Vater zugeteilt werden (vgl. Mt 20,23); sie stellt sich aber vor, "daß diese Vorzugsplätze, die den großen Heiligen und Märtyrern verweigert wurden, den kleinen Kindern zufallen werden. Hat es nicht David geweissagt, da er sprach: 'Der kleine Benjamin wird bei den Versammlungen (der Heiligen) den Vorsitz führen?'"[61]

Thereses "kleiner Weg" der "kleinen Heiligkeit" erscheint zunächst harmlos als ein Weg neben anderen, vor allem neben den "großen Wegen" der "großen Heiligen". Sr. Marie und Sr. Agnes, ihre leiblichen Schwestern, werden als erste mit "Adlern" verglichen. Sie selber sieht sich daneben als "Vögelchen", das nicht wagt, auf einem "großen Weg" zu gehen. Doch je besser sie ihren "kleinen Weg" kennen lernt, umso mehr entdeckt sie mit ehrlichem Erstaunen, daß er eigentlich der einzige Weg ist. So darf man sich nicht wundern, wenn sich in ihren Aufblick zu den "großen Heiligen" etwas von Schelmerei und Ironie mengt, die sich deutlich ausprägen und sie, die "kleine Kämpferin" - wie den kleinen David mit seiner Schleuder - schließlich den offenen Kampf gegen den Goliath der "großen Heiligkeit" aufnehmen läßt. (vgl. 1 Sam 17,8ff)[62]

Therese will in ihren Schriften nicht nur erzählen, unterhalten und aufheitern, sie will auch "belehren". Besonders gegen Ende ihres Lebens fühlt sie sich bewegt, ihre Wahrheit allen mitzuteilen. Dem Missionar Bellière gegenüber - ihrem "geistlichen Bruder" - gibt sie der Hoffung Ausdruck, daß Jesus ihn eines Tages den gleichen Weg gehen lassen wird: "Ich habe ... festgestellt, daß es Ihnen untersagt ist, auf einem anderen Weg in den Himmel zu kommen als auf dem Ihrer armen kleinen Schwester."[63] Sie ist überzeugt von ihrem Charisma und will ihre Lehre auch nicht allzusehr relativieren lassen. Wie sie sich selbst im mystischen Leib der Kirche den Herzpunkt ausgewählt hat, so will sie auch ihre Lehre im Zentrum des Weges zu Gott wissen.

Freude - "im Kampf ohne Unterlaß"

Man wird sich vielleicht fragen: Was haben Kampf, Schwert usw. mit der Kleinen

Therese zu tun? Handelt es sich hier nicht um ein Mißverständnis? Nein! – Therese ist ohne Zweifel eine "Kämpfernatur". Sie, die so zart von den "Blümlein und Vögelchen" spricht, kann auch ganz anders sprechen: "Gott ... wollte, daß ich mir die Festung des Karmel mit des Schwertes Spitze erkämpfte."[64)] Der Herr hat ihr die Gnade verliehen, den Kampf nicht zu fürchten. Um jeden Preis will sie ihre Pflicht erfüllen: "Ich bin nicht ein Krieger, der mit irdischen Waffen gekämpft hat, sondern 'mit dem Schwert des Geistes' ..."[65)]

Céline, nach dem Tod des Vaters als vierte Tochter der Familie Martin in den Karmel eingetreten, erhält den Namen der kürzlich verstorbenen Sr. Geneviève. Sie leistet ihren Dienst in der Krankenabteilung, wo sich eine an chronischer Gehirnanämie leidende Schwester befindet. Dieser macht es Spaß, die Novizinnen auf die Probe zu stellen, indem sie läutet und irgend einen überflüssigen Dienst verlangt. Eines Tages wird es Geneviève zu viel, sie läuft mit Tränen in den Augen zu Therese. Von der wird sie mitfühlend empfangen, getröstet und ermutigt. Und obwohl Therese sie von ganzem Herzen freispricht, empfiehlt sie ihr, von der Verteidigung zum Angriff überzugehen: "Du müßtest absichtlich an dem Krankenzimmer vorbeigehen, damit man dich stört, und wenn Du zu tun hast und nicht bleiben kannst, antworte mit aller Liebenswürdigkeit und versprich zurückzukommen. Mach ein zufriedenes Gesicht, als hätte man Dir einen Dienst erwiesen ..." - "Ja, aber Du weißt doch, daß ich oft für nichts gerufen werde, dann koche ich vor Wut!" - "Ich verstehe gut, daß Dich das etwas kostet, aber wenn Du die Engel sehen würdest, die Dich in der Arena beobachten! Sie erwarten das Ende des Kampfes, um Dir Kränze und Blumen zuzuwerfen, wie man sie früher den tapferen Rittern zuwarf! Da wir kleine Märtyrerinnen sein wollen, ist es an uns, die Palmen zu gewinnen. Glaube nicht, daß diese Kämpfe wertlos seien: 'Besser ein Langmütiger als ein Kriegsheld, besser, wer sich selbst beherrscht, als wer Städte erobert' (Spr 16,32)."[66)]

Nichts mehr ist übrig von einem weichlichen, verwöhnten Kind. Nicht nur "ihrer" Céline gegenüber ist sie streng und unbestechlich; als Gehilfin der Novizenmeisterin ist sie es auch mit den anderen. Der Kampf, von dem Therese spricht, spielt sich auf einer anderen Ebene ab, nämlich auf der geistigen: "Man muß gegen sich selbst kämpfen ... Der größte aller Siege ist der, den man über sich selber erringt."[67)] Im Refektorium, wo sie auch tätig ist, bietet sich manche Gelegenheit, die "Eigenliebe an ihren Platz zu verweisen, das heißt: 'unter die Füße'."[68)] Einmal klagt sie: "Sie (die Herzen) sind zwar frei von den Geschöpfen, aber ach, das meine ist noch nicht ganz frei von mir selbst, und deshalb befiehlt mir der Herr herunterzusteigen, ... damit er wenigstens sein göttliches Haupt in meinem Herzen zur Ruhe legen kann und sich dort geliebt und verstanden fühlt."[69)]

Sie schreibt an Abbé Bellière, den sie nur mehr mit "kleiner Bruder" anreden will, weil ihre Feder, oder vielmehr ihr Herz sich weigert: "Mein 'Waffengesang' hat Ihr Lächeln hervorgerufen, ... Sie werden noch mehr lachen, wenn ich Ihnen sage, daß ich in meiner Kindheit davon träumte, auf Schlachtfeldern zu kämpfen ... Als ich anfing, die Geschichte Frankreichs kennenzulernen, entzückte mich der Bericht von Jeanne d'Arcs Heldentaten. Ich fühlte in meinem Herzen den Wunsch und den Mut, ihr zu folgen. Es schien mir, der Herr habe auch mich zu großen Dingen ausersehen. Ich täuschte mich nicht. Aber anstelle himmlischer Stimmen, die mich zur Schlacht riefen, hörte ich im Grunde meiner Seele eine viel zartere, noch stärkere Stimme, die des Bräutigams der Jungfrauen, der mich zu anderen Taten, zu herrlichen Eroberungen rief. Und in der Einsamkeit des Karmels begriff ich, daß meine Sendung nicht darin besteht, einen sterblichen König zu krönen, sondern den König des Himmels lieben zu lehren und Ihm das Königreich der Herzen zu unterwerfen."[70)]

Nun wissen wir mehr über die Wurzeln

Ihrer Liebe zum Kampf. Sie sind in ihrem Vorbild Jeanne d'Arc zu finden. Seit früher Jugendzeit, da sich Therese für die ritterlichen Helden der Vergangenheit begeistert, hat sie ein großes Verlangen, diese Heldin Frankreichs nachzuahmen, zumindest was Treue, Mut und Tapferkeit betrifft. Sie fühlt sich zur Erlangung von Ehre geboren. Gott läßt sie auch verstehen, daß ihr Ruhm, "eine große Heilige zu werden", den sterblichen Augen verhüllt bleiben solle. "Dieser Wunsch könnte vermessen erscheinen, wenn man bedenkt, wie schwach und unvollkommen ich war - und nach sieben[71)] im Kloster verbrachten Jahren immer noch bin. Ich hege jedoch immer dasselbe verwegene Vertrauen, eine große Heilige zu werden, denn ich zähle nicht auf meine Verdienste, da ich gar keine besitze, sondern hoffe auf Den, der die Tugend, die Heiligkeit selber ist."[72)] Mit Jeanne zusammen möchte sie auf dem Scheiterhaufen den Namen Jesus "flüstern".[73)] Ihr widmet sie zwei Theaterstücke, in denen die Karmelitin als Autorin, Regisseurin und als Schauspielerin keine Mühe scheut.[74)] "Angeregt von einem Bild der hl. Jeanne d'Arc", betet Therese in tiefer Verbundenheit mit ihrer Heldin:

"O Gott, Herr der Heerscharen, Du hast uns in deinem Evangelium gesagt: 'Ich bin nicht gekommen, den Frieden zu bringen, sondern das Schwert' (Mt 10,34); rüste mich aus zum Kampfe; ich verlange sehnlich danach, für Deinen Ruhm zu streiten; aber ich bitte Dich, stärke dazu meinen Mut ... Nicht auf dem Schlachtfeld soll ich für Dich streiten. Ich bin die Gefangene Deiner Liebe; freiwillig habe ich die Ketten befestigt, die mich an Dich binden und mich für immer von der Welt trennen. Mein Schwert ist die Liebe! Mit ihm werde ich den fremden Eindringling aus dem Reiche vertreiben und Dich als König der Seelen ausrufen lassen. Freilich bedarfst Du, o Herr, keineswegs eines so armen Werkzeugs wie ich es bin. Johanna aber, Deine jungfräuliche, kriegerische Braut, hat es gesagt: 'Es muß gestritten sein, auf daß Gott uns den Sieg gebe.' O Herr, so will ich denn bis zu meinem Lebensabend für Deine Liebe streiten ..."[75]

Therese ist eine Streiterin, auch wenn ihre Schlachten - in der Liebe und für die Liebe, im Frieden und für den Frieden - geschlagen werden. Ihr kämpferischer Charakter ist die eine Seite ihres Tätigseins mitten im kontemplativen Leben. Wie ihre Aktivität alle Werke der Kirche in Bewegung versetzt, so kann auch kein Kampf schärfer und durchdringender sein als der Kampf der Liebe, den sie mit dem feurigen Schwert des Geistes führt.[76]

Am Morgen nach dem Aufstehen küßt Therese ihr Kruzifix, legt es auf den Kopfpolster und sagt zu Ihm: "Mein Jesus, Du hast während der dreiunddreißig Jahre Deines Lebens auf der Erde genug gearbeitet und genug geweint. Ruhe Dich aus ... Nun ist es an mir, zu kämpfen und zu leiden."[77)]

Sich von Gott beschenken lassen

Therese führt gegen all das ihren Kampf, was man als Fortsetzung des alten Pharisäismus bezeichnen könnte: gegen den Willen zur Macht mit religiösen Mitteln, den Willen zur eigenen Größe anstelle der alles überragenden Größe Gottes. "Jesus fordert keine großen Taten, sondern nur Hingabe und Dankbarkeit ... Das ist alles, was Jesus von uns fordert. Er bedarf unserer Werke nicht, sondern nur unserer Liebe, denn ... Er braucht es uns nicht zu sagen, wenn Er hungert."[78)] Die Versuchung zur "eigenen" Vollkommenheit, die vor den Menschen keiner Zeit und keines Ortes haltmacht, hat der Herr scharf zurückgewiesen. So wehrt sich Therese auch, als Pauline, die seit ihrem Klostereintritt Schwester Agnès de Jésus heißt, zu ihr sagt: "Wieviel haben Sie doch ringen müssen, um den Grad der Vollkommenheit zu erobern, auf dem wir Sie jetzt sehen!" Therese antwortet mit einer unbeschreiblichen Betonung: "Ach, das ist es ja nicht! ..." Und etwas später: "Die Heiligkeit besteht nicht in diesen und jenen Übungen und Leistungen; sie besteht in einer Bereitschaft des Herzens, die uns in den Armen Gottes klein und demütig werden läßt, im Wissen um unsere Schwäche und im Vertrauen auf Seine Vatergüte bis hin zur 'Verwegenheit'."[79] Es ist ein schwieriges Unterfangen, denn je mehr Therese sich wehrt, um das Mißverständnis der Heiligkeit abzuwenden, umso mehr bewundern die anderen ihre Demut und Vollkommenheit. Sie nimmt die Bewunderung gelassen entgegen, denn das ist wahre Demut: die Annahme des Unangenehmen.

Therese wird als Kind zum Sammeln und zum Zählen angeleitet: Niemand zieht eifriger an den Perlen der Schnur, um die Tugendakte und kleinen Opfer zu zählen, als sie. Jeder Augenblick soll genützt werden, um soviel wie möglich zu "sammeln". Das Zählen von Tugendübungen und Opfern mag für den Anfang im geistlichen Leben eine gute Hilfe sein, im fortgeschrittenen Stadium kann es nicht mehr genügen, denn die Liebe ist verschwenderisch und kann nicht zählen und nicht rechnen.[80] Therese, schließlich reifer geworden, schreibt: "Ich weiß, daß gewisse Seelenführer uns raten, die Tugendakte zu zählen, um in der Vollkommenheit voranzuschreiten. Doch Jesus - mein Seelenführer - lehrt mich nicht, meine einzelnen Akte zu zählen. Er lehrt mich, alles aus Liebe zu tun"[81]: "Legen Sie keinerlei Vorräte an, verteilen Sie Ihre Güter, sobald

Sie sie erhalten. Wenn ich auch achtzig Jahre alt würde, ich wäre immer gleich arm; ich verstehe es nicht, Ersparnisse zu machen; alles, was ich habe, gebe ich immer sofort wieder her, um Seelen zu 'kaufen'."[82] In diesem Sinn ist auch ihre fröhliche Ausdrucksweise zu verstehen: "Jeden Tag werde ich boshafter, und doch bin ich bald neun Jahre im Haus des Herrn. Ich müßte also auf dem Weg der Vollkommenheit schon fortgeschritten sein, stehe aber noch am Fuß der Leiter; das entmutigt mich nicht, ich bin fröhlich wie die Grille, und wie sie singe ich beständig, in der Hoffung, daß ich am Ende meines Lebens am Reichtum meiner Schwestern teilhaben darf, die großmütiger sind als die 'Ameise'."[83] Weil die Liebe nicht den eigenen Vorteil sucht, denkt Therese immer zuerst an die anderen, und auch wenn sie dadurch nicht direkt in den Himmel kommen sollte, kümmert sie das nicht: "Wenn ich ins Fegfeuer komme, dann werde ich damit völlig zufrieden sein; ich mache es dann wie die drei Jünglinge: ich wandle umher in den Gluten und singe den Gesang der Liebe. Wie glücklich wäre ich, wenn ich dadurch andere Seelen retten könnte ..."[84]

Fortschritt besteht nach Therese nicht im Dazugewinnen, sondern im Verlieren. "Ach, wenn ich daran denke, was ich alles noch zu erringen habe!" seufzt eine Mitschwester. "Sagen Sie doch besser: 'Was ich zu verlieren habe!' Der Herr übernimmt es, Ihre Seele mit allen Gütern zu erfüllen, in dem Maß, als Sie ihr die Unvollkommenheit nehmen. Ich sehe, daß Sie nicht den richtigen Weg einschlagen; auf diese Weise werden Sie das Ziel nie erreichen. Sie wollen einen Berg erklettern, der liebe Gott aber will, daß Sie hinuntersteigen; Er erwartet Sie ganz unten, im fruchtbaren Tal der Demut."[85] Dieses "Loslassen" bringt den Menschen in den Zustand vollkommener Armut und Hilfsbedürftigkeit vor Gott. Es ist jene Armut, von der auch in der Bergpredigt die Rede ist; sie öffnet den Menschen für die Gnade. Sich auf nichts stützen zu können verlangt das ganze Vertrauen: "Man erfährt einen solchen Frieden darin ..., auf nichts als nur auf den lieben Gott zählen zu können."[86]

Von diesem Armutsideal aus betrachtet, hegt Therese ein Mißtrauen gegen alles, was bei Aszese und Buße nach eigener Leistung "riecht". Zu Beginn ihres Klosterlebens verspürt sie in sich die starke Anziehungskraft der großen Bußwerke: Sie versucht, ein kleines, eisernes, mit Stacheln versehenes Kreuz zu tragen. Das dauert aber nicht lang, denn die Stacheln sind ins Fleisch eingedrungen und haben eine Entzündung hervorgerufen. Aus der Lebensbeschreibung des seligen Heinrich Seuse blieb ihr eine Stelle über körperliche Bußwerke im Gedächtnis: "Er hatte furchtbare Bußübungen auf sich genommen, die seine

Gesundheit ruinierten, bis ihm ein Engel erschien und befahl damit aufzuhören. Dazu sagte er noch: Du hast zuerst als einfacher Soldat gekämpft; jetzt aber will ich dich zum Ritter schlagen. Dadurch zeigte er dem Heiligen die Überlegenheit des geistigen Kampfes über die fleischlichen Abtötungen. Nun, Mütterchen, der liebe Gott wollte mich nicht als einfachen Soldaten; er hat mich sogleich zum Ritter geschlagen ... Ich habe in diesem verborgenen Kampf, zu dem die Natur keinen Zugang hat, Frieden ... gefunden."[87] So zeigt ihr Gott, daß die Bußwerke der Heiligen nichts für sie und für die Menschen sind, die den gleichen "kleinen Weg" gehen. "'Im Haus meines Vaters sind viele Wohnungen.' (vgl. Joh 14,2) Gibt es also solche für große Seelen, wie die Wüstenväter, die Märtyrer, die Büßer, so muß es auch solche für kleine Kinder geben."[88]

Man darf nicht den falschen Schluß ziehen, Therese hätte ein vergnügliches, entbehrungsarmes Leben gesucht. Das Gegenteil ist der Fall. Ihr ganzes Karmelleben ist gleichsam eine einzige, große Bußübung. Nur ist es eine Buße, die nicht auf Leistung und persönliche Vollkommenheit bedacht ist, sondern dankbare Ausnützung aller von Gott geschenkten, scheinbar zufälligen Gelegenheiten. Therese weicht nicht aus, greift nicht ein, beklagt sich nicht: mag es das aufreibende Geräusch einer

Schwester beim Gebet oder das Bespritzt-Werden beim Waschtrog sein. Sie leidet sehr an der Kälte der im Winter ungeheizten Zellen. Ein Wort hätte genügt, eine wärmere Decke zu bekommen, aber sie schweigt. Im Refektorium bekommt sie die aufgewärmten Speisereste vorgesetzt, denn sie gibt nicht zu erkennen, welche Speise sie mag und welche nicht. Bezeichnend ist auch die Begebenheit mit den Fliegen, die sie während der letzten Monate sehr quälen: "Sie sind meine einzigen Feinde, und da der liebe Gott empfohlen hat, seinen Feinden zu verzeihen, bin ich froh, eine Gelegenheit dazu zu haben. Darum laß ich sie immer laufen."[89)]

Zu all dem muß die Schwerkranke in den letzten Wochen unmenschliche Qualen erdulden, da ihr auf Wunsch der Priorin kein Morphium verabreicht wird. Alles annehmend, nirgends ausweichend, selbst das Kleine ausnützend - in dieser Haltung findet Therese eine viel härtere Buße als in einzelnen heroischen Akten, die meist von Selbstruhm begleitet sind. In der Übung der Nächstenliebe ist Therese höchst erfinderisch. Dabei entdeckt freilich niemand, wie sehr sie das Überwindung kostet. Sie will diese nicht nur vor den Mitschwestern verborgen halten, sondern auch, wenn überhaupt möglich, vor Gott: "Wenn der liebe Gott meine guten Taten nicht sähe, würde mich das nicht betrüben. Ich liebe

Ihn so sehr, daß ich Ihm mit meiner Liebe und mit meinen kleinen Opfern Vergnügen machen möchte, ohne daß Er zu wissen braucht, sie stammen von mir. Sieht und weiß Er es, ist Er wie verpflichtet, mich dafür zu belohnen, diese Mühe möchte ich Ihm ersparen."[90)]

Man soll also nicht auf Buße und Opfer verzichten, wohl aber darauf, die dabei erworbenen eigenen Verdienste zu berechnen. "Der ganze Abbau der Leistungsethik dient Therese allein dazu, im Leben jedes Christen das strahlende Wunder der göttlichen Gnade aufgehen zu lassen. Die berühmtesten Gleichnisse und Bilder, die Therese erfunden hat, drängen sich hier alle vor: es sind Bilder, die in keinem Verhältnis stehen zur göttlichen Liebesgnade."[91)] An diese Gegebenheit erinnert auch das Gleichnis des Evangeliums vom Gutsbesitzer, der auf den Marktplatz geht, um Arbeiter für seinen Weinberg anzuwerben. Am Abend bekommen alle den gleichen Lohn, ob sie nun seit dem Morgen oder erst seit der elften Stunde gearbeitet haben. Der Gutsbesitzer hält sich an die Vereinbarung, die er mit ihnen getroffen hat, er ist aber darüber hinaus mit den Letzten auch noch gütig. (vgl. Mt 20,1-16) Darf Gott mit dem Seinen nicht tun, was Er will? Es ist Sache Gottes zu geben, auch in überströmender Fülle.

Therese hat das Verlangen, heilig zu werden. Wenn sie sich aber mit den Heiligen vergleicht, stellt sie fest, "daß zwischen ihnen und mir derselbe Unterschied besteht wie zwischen einem Berg, dessen Gipfel sich in die Himmel verliert, und dem unscheinbaren Sandkorn, über das die Füße der Leute achtlos hinwegschreiten. Statt zu verzagen, sagte ich mir: Die Liebe flößt keine unerfüllbaren Wünsche ein, ich darf also trotz meiner Kleinheit nach der Heiligkeit streben; mich größer machen ist unmöglich; ich muß mich ertragen, wie ich bin, mit all meinen Unvollkommenheiten; aber ich will das Mittel suchen, in den Himmel zu kommen, auf einem kleinen Weg, einem recht geraden, recht kurzen, einem ganz neuen kleinen Weg. Wir leben in einem Jahrhundert der Erfindungen, man nimmt sich jetzt nicht mehr die Mühe, die Stufen einer Treppe emporzusteigen; bei den Reichen ersetzt ein Aufzug die Treppe aufs vorteilhafteste. Auch ich möchte einen Aufzug finden, der mich zu Jesus emporhebt, denn ich bin zu klein, um die beschwerliche Treppe der Vollkommenheit hinaufzusteigen."[92] In diesem schönen Bild vom Aufzug kommt die Bereitschaft und die Hilfsbedürftigkeit des Kleinkindes zum Ausdruck. Die allzu große Distanz wird von Gott selbst überwunden, Er beugt Sich herab wie eine Mutter, gerührt von den vergeblichen Aufstiegsversuchen des Kindes. Er kommt die Stufen herab, nimmt es in Seine Arme und trägt es hinauf. Das, wonach sie sucht, findet sie auch: "Der Aufzug, der mich bis zum Himmel emporheben soll, Deine Arme sind es, o Jesus!"[93] Immer verhält sich der menschliche zum göttlichen Teil wie der ansatzweise Versuch zum plötzlichen, übergangslos vollendeten Werk.[94]

Pater Superior besucht und ermutigt die Kranke: "Was? Sie wollen bald in den Himmel? Aber Ihr Kranz ist ja nicht fertig, Sie haben ihn kaum erst begonnen!" Therese antwortet: "Ach, Vater, da sagen Sie die Wahrheit! Ich habe meinen Kranz nicht gemacht, aber der liebe Gott hat ihn gemacht!"[95]

"Klein bleiben" heißt für Therese: ihr Nichts anerkennen, alles von Gott erwarten, sich keine besonderen Verdienste aufspeichern wollen: "Sogar bei den armen Leuten gibt man dem kleinen Kind alles Notwendige; ist es aber erwachsen, dann will der Vater es nicht mehr ernähren, sondern sagt ihm: 'Arbeite jetzt, Du kannst schon für Dich selber sorgen.' Nun wohl, um das nie hören zu müssen, wollte ich nie größer werden, denn ich fühle mich unfähig, mir mein Leben, mein ewiges Leben zu verdienen. Ich bin also immer klein geblieben ..."[96] Am Ende ihres Lebens will sie mit leeren Händen vor Gott erscheinen, und sie freut sich schon darauf. Pauline sagt zu ihr: "Ach, ich werde beim Tod dem lieben Gott nichts zu geben haben, ich werde mit leeren Händen kommen, und das macht mich sehr traurig." – "Ihr seid also nicht wie ich, obwohl ich doch in der gleichen Lage bin. Auch wenn ich alle Werke des heiligen Paulus vollbracht hätte, ich würde mich dennoch als unnützer Knecht betrachten, ich würde finden, daß ich leere Hände habe. Aber gerade das macht meine Freude aus; denn weil ich nichts habe, werde ich alles vom lieben Gott erhalten."[97] Therese schätzt weder Arbeit noch Werke gering, sie kann es nur nicht leiden, wenn sich jemand vor Gott seiner Werke rühmt. Das wäre eine Mißachtung der Gnade Gottes, der uns Seinen Himmel ohne unser Verdienst schenken will.[98]

Sie weiß aber auch, daß Jesus trotz des totalen Ungleichgewichts zwischen irdischem Werk und himmlischer Belohnung nicht auf ihre Mitwirkung verzichten will; darum stellt sie erst recht all ihre Kräfte in den Dienst der Liebe Gottes: "Ich empfand schon im voraus, was Gott denen vorbehält, die Ihn lieben ..., und da ich sah, wie die ewigen Belohnungen in keinem Verhältnis zu den geringen Opfern des Lebens stehen, wollte ich lieben, Jesus mit Leidenschaft lieben, Ihm tausend Zeichen der Liebe geben, solange ich es noch vermochte."[99] Therese ist auch von Jesu Worten an die heilige Mechthild berührt, wonach es Ihm viel Freude macht, wenn die Menschen große Dinge von Ihm erwarten. So groß ihr

Glaube und ihre Kühnheit auch sein mögen, weit über ihre Verdienste hinaus wird Er sie beschenken.[100)]

Therese ist sich wohl bewußt, daß sie dessen, was sie erhofft, nie würdig sein wird, aber sie streckt beide Hände vertrauensvoll aus. Auch wenn andere nach ihren Verdiensten belohnt werden wollen, sie will es nicht, denn dem Liebenden wird in reiner, unverdienter Gnade zugeteilt. Somit wird der Himmel zum "gestohlenen Himmel": "Im Himmel sind jene meine Beschützer und auch meine Lieblinge, die sich ihn 'gestohlen' haben wie die unschuldigen Kinder und der reumütige Schächer. Die großen Heiligen haben ihn sich durch ihre Werke verdient; ich aber will die Diebe nachahmen und ihn durch List gewinnen. Eine List der Liebe wird mir seine Pforten erschließen, mir und den armen Sündern."[101)] Therese will nicht wie ein Erwachsener belohnt werden, ihr ist man nichts schuldig. Sie will zu Gott durch die "List der Liebe" kommen. Daran erinnert sie das Bild vom Herrn, der kommt wie ein Dieb in der Nacht. (vgl. Mt 24,43; 1 Thess 5,2) Zuvor war es noch Therese, die sich durch List "den Himmel stehlen" will, jetzt gleicht Gott Selbst einem Dieb: "Ich sehe Ihn von ferne und hüte mich wohl zu rufen: 'Zu Hilfe! Der Dieb kommt!' Im Gegenteil, ich rufe Ihn zu mir: 'Hier bin ich! Hier bin ich!'"[102)] "Gott wird kommen wie ein Dieb. Bald wird Er kommen, mich zu stehlen. Und wie gerne wollte ich dem Dieb helfen!"[103)]

In ihrer kindlichen Verwegenheit scheut sie sich auch nicht, Worte wie diese zu sprechen: "Wenn ich an das Wort des lieben Gottes denke: 'Ich komme bald und trage meinen Lohn mit mir, um jedem nach seinen Werken zu vergelten' (vgl. Mt 16,27), dann sage ich zu mir, daß Er bei mir in einer 'schönen' Verlegenheit sein wird, denn ich habe keine Werke! Er wird mir also nicht nach meinen Werken vergelten können. Nun gut denn, ich vertraue, daß Er mir dann nach Seinen eigenen Werken vergelten wird."[104)]

Weg "in Schwachheit"

Wenn der "kleine Weg" ein Weg der Liebe und der Gnade ist, so heißt das nicht, daß er der leichtere sein muß. Therese hat es selbst erfahren, welchen Einsatz er erfordert. Er beansprucht nicht einzelne Werke und Leistungen, sondern das ganze Sein, nicht allein die Tat, sondern auch die Gesinnung.

Es wurde schon erwähnt, daß Therese den größten Sieg in der Überwindung "ihrer selbst" erachtet; im Evangelium ist von Selbstverleugnung die Rede. Therese stellt "ihren Weg" auch als Weg der Schwäche dar: "Wo bleibt Ihr Verdienst, brauchten Sie nur dann zu kämpfen, wenn Sie sich mutig fühlen? Was liegt schon daran, ob Sie Mut haben oder nicht? Wenn Sie nur so handeln, als ob Sie welchen hätten! Wenn Sie sich zu schlaff fühlen, auch nur einen Faden aufzuheben, und Sie tun es aus Liebe zu Jesus dennoch, so haben Sie mehr Verdienst, als wenn Sie zur Zeit des Eifers eine viel bemerkenswertere Tat vollbracht hätten."[105] Es erfordert mehr geistigen Mut, die eigenen Leiden zu bagatellisieren, zu überspielen oder zu verschweigen, als sie zum Gegenstand der eigenen und der fremden Aufmerksamkeit zu machen.[106]

Schwester Geneviève klagt: "Diesmal ist es unmöglich, ich komme nicht darüber hinweg!" – "Das wundert mich nicht", bekommt sie zur Antwort. "Wir sind zu klein, um über Schwierigkeiten hinwegzukommen, wir müssen unter ihnen durchschlüpfen."[107] Dabei erinnert sie ihre Schwester an ihre Kindertage, als ein Pferd das Gartentor versperrte. Die Erwachsenen standen ratlos, als die Kinder leise zwischen den Beinen des Pferdes durchschlüpften.

Einmal vergleicht sie sich mit einem Schilfrohr: "Was liegt daran, wenn das Schilfrohr geknickt wird? Es fürchtet nicht zu brechen, denn es ist an den Wassern gepflanzt. Wird es niedergebogen, so trifft es, anstatt die Erde zu berühren, nur eine wohltuende Welle; diese kräftigt es und läßt es nach einem neuen Gewitter verlangen, das auf sein schwaches Haupt niedergeht. In seiner Schwachheit liegt sein ganzes Vertrauen. Es kann nicht brechen, denn was immer kommen mag, es will darin nur die gütige Hand seines Jesus erblicken."[108]

Therese stellt sich an die Seite des hl. Paulus, wenn sie über sich sagt: "Sie ist schwach, recht schwach, und das ist ihr jeden Tag wieder eine neue heilsame Erfahrung. Aber der Herr gefällt sich darin, ihr die Wissenschaft beizubringen, 'sich der Schwachheit zu rühmen' (2 Kor 12,5). Das ist eine große Gnade ... denn darin finden sich der Friede und die Ruhe des Herzens."[109] Therese ist weder überrascht noch betrübt, "die Schwäche selbst" zu sein. Vielmehr rühmt und freut sie sich dessen noch und ist auch gefaßt, täglich neue Unvollkommenheiten bei sich zu entdekken. Sie will ein Kind sein, ein schwaches, "ohnmächtiges"; und diese Art Ohnmacht verleiht ihr große Kühnheit.[110] Es ist eine Kühn-heit der Liebe, in der Therese kein Maßhalten kennt.

Verzicht auf "Können"

"Welch unaussprechliche Freude, unser Kreuz in Schwäche zu tragen ... Welches Glück, gedemütigt zu werden. Es ist der einzige Weg, auf dem man heilig wird!"[111]

Therese will uns vor einer Illusion bewahren: "Glauben wir nicht, daß wir lieben können, ohne zu leiden ... 'Jesus hat mit Traurigkeit gelitten! Würde die Seele ohne Traurigkeit überhaupt leiden?' ... Und wir möchten doch großmütig, großherzig leiden! ... Wollen wir niemals fallen? ... Was macht es Jesus aus, wenn ich jeden Augenblick falle? Dabei sehe ich meine Schwachheit, und für mich ist es ein Gewinn." (vgl. Phil 1,21) Auch was die Heiligkeit betrifft, findet sie ernüchternde Worte: "Sie besteht darin zu leiden, und an allem zu leiden" und nicht darin, "schöne Dinge zu sagen, ... zu denken oder zu fühlen!"[112)] Erst das Leiden ohne Großartigkeit, das Leiden in Schwäche, ist wirkliches Mitleiden mit Jesus, der am Ölberg zu seinen Aposteln sagte: "Meine Seele ist zu Tode betrübt." (Mt 26,38) "'Die Märtyrer litten in Freuden, der König der Märtyrer mit Traurigkeit.' ... Ihm gefällt es zu sehen, daß ich meine Kleinheit und meine Armut liebe ... Aber man muß einwilligen, immer arm und kraftlos zu bleiben, und das ist schwer ..."[113)] Wenn man wünscht, die Freude zu fühlen und vom Leiden fühlbar angezogen zu werden, so sucht man noch nach Trost für sich selber, denn würde die Seele ohne Traurigkeit überhaupt leiden?

Thereses Leben wird gegen das Ende hin immer mehr zum reinen Nicht-mehr-Können. "Niemals werde ich wissen, wie man stirbt ...

Ich kann nicht mehr ... Ich kann nicht atmen, ich kann nicht sterben!"[114)]

Weg ohne Fortschritt

Gleich wichtig, wenn nicht sogar wichtiger als der Verzicht auf das Können, ist für Therese der Verzicht auf den Fortschritt. Führt jedoch ein Stillstand nicht zum Rückschritt? Wie ist dieser Verzicht zu verstehen? Gott will, daß wir Schritt für Schritt gehen. Aber diese Schritte müssen insgesamt noch keinen sichtbaren Fortschritt ergeben. Therese beschreibt das Bild eines Kindes, das vergeblich versucht, die erste Stufe einer Treppe zu erklimmen: "Seien Sie dieses Kind; erheben Sie immerzu Ihren kleinen Fuß, um die Stufen der Heiligkeit zu ersteigen ... aber bilden Sie sich nicht ein, jemals auch nur die allererste Stufe erreichen zu können."[115)] Ähnliches drückt das Bild vom "ohnmächtig" flatternden Vogel aus: "Der kleine Vogel möchte dieser strahlenden Sonne, die sein Auge entzückt, entgegenfliegen; er möchte es den Adlern, seinen 'Brüdern', gleichtun, die sich vor seinem Blick bis zum Göttlichen 'Brand' der Heiligen Dreifaltigkeit aufschwingen ... Ach! Alles, was er vermag, ist, seine kleinen Flügel zu heben, aber aufzufliegen – das steht nicht in seiner kleinen Macht ... In einem verwegenen Sichüberlassen will er im Anblick seiner göttlichen

Sonne vorharren ... Freilich, mitunter wird das Herz des kleinen Vogels vom Sturm bedrängt; dann scheint ihm, er könne nicht glauben, daß es irgend etwas anderes gibt als die Wolken, die ihn einhüllen; das ist dann der Augenblick der vollkommenen Freude für das arme, kleine, schwache Wesen ... Wenn das 'angebetete' Gestirn (die Sonne) für das klagende Gezwitscher seines kleinen Geschöpfes taub bleibt, wenn es verhüllt bleibt ..., nun, dann bleibt das kleine Geschöpf durchnäßt; es willigt ein, vor Kälte ganz starr zu sein, und freut sich sogar des Leidens, das es ja auch verdient hat."[116)]

Hier wird auch der Abstand zur Lehre des hl. Johannes vom Kreuz und der hl. Theresia von Avila deutlich: Ihrer beider wirklich, d.i. "mit Erfolg", zurückgelegte Strecke steht Thereses, mit ganzer Anstrengung und Hingabe getätigtem, (scheinbar) vergeblichem Bemühen gegenüber. Sie will alles weitere Gott überlassen.[117)] Noch in den letzten Wochen interpretiert und bekräftigt Therese ihre früheren Aussagen: "Wenn ich geneigt wäre, mich wegen einer Dummheit zu beunruhigen, die ich gesagt oder getan habe, so gehe ich in mich und sage mir: Ach, so stehe ich also immer noch am ersten Punkt, wie ehedem! Aber ich sage mir das in großem Frieden, ohne Traurigkeit. Es ist so gut, sich schwach und klein zu fühlen!"[118)]

Ja zum "Fallen"

Der Verzicht auf Fortschritt wird schließlich noch überboten in der bewußten Annahme des Fallens. Für gewöhnlich will der Mensch höher hinaufsteigen oder zumindest bei dem schon Erreichten bleiben. Wieder erinnert Therese an Jesu Leidensweg: "Jesus ist auf dem Weg zum Kalvarienberg dreimal gefallen, und Du, armes Kind, wärest Deinem Bräutigam nicht ähnlich, Du wolltest nicht hundertmal fallen, wenn es sein muß, um Ihm Deine Liebe zu beweisen, ... "[119] "Er sieht es lieber, daß Du in der Nacht über die Steine am Weg stolperst, als daß Du am hellen Tag auf einer mit Blumen bestreuten Straße gehst, die Deinen Schritt aufhalten könnte."[120] Wenn uns der Herr auch in Sein Fallen "mithinein" nimmt, so dürfen wir unser Fallen nicht mit dem Seinen vergleichen. Therese hat da vielmehr das Fallen eines Kindes vor Augen.

Einmal sieht sie ihren Frieden, das Geschenk des Herrn, gefährdet. Abbé Youf schätzt zwar sein Beichtkind sehr, versteht es aber nicht wirklich. Da Therese ihm bekennt, daß sie in der Heiligen Messe manchmal den Schlaf vor Erschöpfung nicht bezwingen kann, weist er sie streng zurecht und sagt ihr, daß sie dadurch Gott beleidige. Erst mehr als ein Jahr später erhält sie von Pater Alexis die Zusicherung, daß ihre Schwäche Gott nicht beleidigt.[121] "Wie glücklich war ich, als ich diesen tröstlichen Worte lauschte! ... Noch nie hatte ich sagen hören, daß es Fehler geben kann, die dem lieben Gott keinen 'Kummer' bereiten; diese Versicherung erfüllte mich mit überreicher Freude, sie ließ mich geduldig die Verbannung des Lebens ertragen ... Ich fühlte auf dem Grund meines Herzens wohl, daß dies wahr ist, denn der liebe Gott ist zärtlicher als eine Mutter."[122] Es ist dies "die schmale und doch so notwendige Mitte zwischen der Sünde, die um keinen Preis begangen werden darf, und der Fehlerlosigkeit, die nicht erreicht werden kann, ja nicht einmal - wegen der Gefahr des Pharisäertums - erreicht werden darf."[123] Therese weiß um die "Mutterliebe" Gottes, die immer bereit ist, die kleinen Unarten Ihrer Kinder zu verzeihen. Die Kleinen stellen ja beständig etwas an: sie fallen hin, machen sich schmutzig, zerbrechen etwas; und doch lieben ihre Eltern sie sehr. Sie glaubt daran, daß Jesus die Gnade schenken kann, Ihn nicht mehr zu beleidigen, beziehungsweise nur mehr solche Fehler zu begehen, die Ihn nicht beleidigen, sondern die Demut fördern und die Liebe stärken.[124] Dieser Verzicht auf die eigene Vollkommenheit ist erst dann "theresianisch", wenn dem Fallen das sofortige Aufstehen und so der Abkehr die Rückkehr zur Liebe folgt. "Über jene, die Ihn lieben, Ihn nach jeder Unzartheit um Verzeihung bitten und sich in Seine Arme werfen, jubelt Jesus vor Freude." Alles, was man tun muß, ist: "sich demütigen, sein Nichts anerkennen, und gerade das wollen viele Seelen nicht tun."[125] Diese Umkehr darf aber nicht dem verletzten Stolz entspringen, ("daß gerade mir so etwas passiert!"), es muß ein ehrliches Bedürfnis sein, wieder zum Vater zu gehen. "Wenn man mit Sanftmut die Demütigung erträgt, unvollkommen gewesen zu sein, dann kehrt die Gnade des lieben Gottes sofort zurück."[126]

Eingedenk der Worte Jesu: "Ihr sollt also vollkommen sein, wie es auch euer himmlischer Vater ist" (Mt 5,47), vertritt Therese ihren Begriff von Vollkommenheit - den für die Kleinen: "Ich selber finde, es ist ganz leicht, die Vollkommenheit zu üben, weil ich begriffen habe, daß man nur Jesus bei seinem Herzen zu nehmen braucht ... Betrachtet ein kleines Kind, das seine Mutter betrübt hat, weil es zornig oder unfolgsam war ... Kommt es aber und streckt ihr lächelnd seine Ärmchen entgegen und sagt: 'Gib mir einen Kuß, ich werde es nicht mehr tun', wird dann die Mutter es nicht zärtlich ans Herz drücken und seine kindlichen Unarten vergessen? ... Freilich weiß sie genau, daß ihr liebes Kleines bei der nächsten Gelegenheit es wieder tun wird, aber das macht nichts, wenn es sie wieder beim Herzen nimmt, wird es nie gestraft werden."[127] Diese Vollkommenheit, wie Therese sie anstrebt, mißt vor allem die Liebe und die Bereitschaft, sofort und immer wieder umzukehren.

Das Unvollkommen-Sein

Der Weg des Verzichts geht bei Therese sehr weit, bis zur Forderung, die eigene Unvollkommenheit geradezu zu lieben. So sehr sie auch die "Heiligkeit der Kleinen" anstrebt, empfindet sie sogar Freude, als schwach und unvollkommen angesehen zu werden: "Daß man Sie immer als unvollkommen findet, das ist es gerade, was Ihnen nottut und Gewinn bringt. Sich selber für unvollkommen, die anderen für vollkommen zu halten: das ist das Glück! Wenn die Geschöpfe finden, daß Sie keine Tugend besitzen, so nimmt Ihnen das nichts weg und läßt Sie nicht ärmer werden; ... Was mich betrifft, so empfinde ich Freude nicht nur, wenn ich für unvollkommen gehalten werde, sondern dann besonders, wenn ich fühle, daß ich es wirklich bin."[128] Dieser Schluß mag für einen "Normalchristen" vorerst recht unverständlich erscheinen, ja geradezu unfaßbar sein. Doch blicken wir zunächst auf den Beginn ihres geistlichen Lebens.

Mit etwa 13 bis 14 Jahren fragt sich Therese, was sie wohl später "dazuerwerben" könnte, denn sie hält es für unmöglich, die

Vollkommenheit noch besser zu erreichen. Doch schon bald erkennt sie, daß man sich, je mehr es auf diesem Weg vorangeht, umso weiter vom Ziel entfernt glaubt. Das Gefühl des Nicht-Vorankommens ist für den geistig Strebenden oft ein Zeichen, daß er auf dem richtigen Weg ist. Schließlich ist es nicht mehr die Vollkommenheit, die Thereses ganze Aufmerksamkeit in Anspruch nimmt, sie findet ihre Freude auf einem noch tieferen Grund: "Wie glücklich bin ich, mich unvollkommen zu sehen und im Augenblick meines Todes der Barmherzigkeit Gottes so sehr zu bedürfen!"[129) Die Barmherzigkeit kann nur von dem angenommen werden, der sich ihrer im Innersten bedürftig weiß. "Jetzt habe ich mich darein ergeben, mich stets unvollkommen zu sehen, und darin finde ich meine Freude."[130) Fehler sind ihr ein willkommener Anlaß zur Verdemütigung Gott gegenüber: "Wenn ich einen Fehler begangen habe, der mich traurig stimmt, dann weiß ich, daß diese Trauer die Folge meiner Untreue ist. Aber ich bleibe nicht dabei stehen. Ich sage dem lieben Gott: Ich weiß, ich habe dieses Gefühl der Trauer verdient; aber laß es mich dennoch dir anbieten, trotz allem, als eine Prüfung, die deine Liebe mir sendet. Es tut mir leid, daß ich's getan habe; aber ich bin froh, dieses Leiden zu haben, das ich dir anbieten kann."[131) Das soll nicht falsch verstanden werden: Sie ist nicht froh, das

Leiden durch ihr Verhalten verursacht zu haben, sondern darüber, daß sie Gott ihre suhnebereite Liebe wieder zeigen kann. Obendrein darf man nicht vergessen, daß es in Thereses Empfinden "Fehler" gibt, die Gott nicht mehr beleidigen, worüber schon weiter oben berichtet wurde.

Fehler sind ihr aber auch ein willkommener Anlaß zur Verdemütigung den Mitschwestern gegenüber; freilich erfährt sie eine solche nur selten. Sie führt das darauf zurück, daß Gott über alle ihre "inneren und äußeren Fehler" einen "Schleier" geworfen hat. Die Novizinnen bedenken sie oft mit Komplimenten. Nur gelegentlich kommt auch das Gegenteil vor, und gerade dann, wenn sie es am wenigsten erwartet hätte. Der Herr lüftet dabei den Schleier: "Mit einer Schlichtheit, die mich entzückt, sprechen sie zu mir von all den Kämpfen, die ich ihnen verursache, und von dem, was ihnen an mir mißfällt; kurz, sie reden so unbefangen, als handle es sich um eine andere, und sie wissen, daß sie mir damit ein großes Vergnügen bereiten. O wahrhaftig, es ist mehr als ein Vergnügen, es ist ein köstliches 'Festmahl', das meine Seele mit Freude erfüllt! Ich kann es mir nicht erklären, wie etwas, das der Natur so sehr widerstrebt, ein so großes Glück bereiten kann; hätte ich es nicht erfahren, ich könnte es nicht glauben ... Eines Tages, als ich besonders danach verlangt hatte, verdemütigt zu werden, sorgte eine Novizin so gründlich dafür, daß mir Semei einfiel, wie er David verfluchte (vgl. 2 Kön 16,10), und ich sagte mir: Ja, es ist wahrlich der Herr, der ihr befiehlt, mir all das zu sagen ... Und meine Seele kostete mit Genuß diese bittere Speise, die ihr so reichlich dargeboten wurde."[132)]

Einmal wird die schwerkranke Therese um einen ganz unnötigen Dienst gebeten. Sie verbirgt ihren aufsteigenden Ärger einen Augenblick lang in errötendem Schweigen. Wenig später schreibt sie an Schwester Agnes, daß sie "Tränen der Reue, aber noch mehr der Dankbarkeit und der Liebe" geweint habe: "Heute abends habe ich Ihnen meine 'Tugendkraft' gezeigt, meine Schätze an Geduld! ... Und ich, die ich anderen so gut predige!!!! Es ist mir recht, daß Sie meine Unvollkommenheit gesehen haben. Ah, wie gut mir das tut, böse gewesen zu sein! ... Ich bin weit glücklicher, unvollkommen gewesen zu sein, als wenn ich mit Hilfe der Gnade ein Muster an Sanftmut gewesen wäre."[133)] Therese zieht es vor, sich in Erkenntnis der eigenen Schwäche zu demütigen, als sich in siegreicher Selbstzufriedenheit zu sonnen. Gott beläßt den Menschen trotz aller Anstrengung in gewissen Schwächen, weil es für ihn schädlich wäre, sich tugendhaft zu fühlen.[134)]

Therese freut sich über eigene Schwächen nicht um ihrer selbst willen. Ihr geht es um den Erwerb, besser: um die Gnade jener Haltung, die es ihr erlaubt, Gott wahr und unmittelbarer zu begegnen und in der menschlichen Hinfälligkeit und Bedürftigkeit Gottes väterliche Barmherzigkeit herauszufordern. Von Balthasar spricht von einer äußersten "Sensibilisierung der Seele, damit sie in jedem Augenblick der ganzen Liebeswucht Gottes ausgesetzt sei. Das aber ist in dieser erbsündlichen Welt nur möglich durch stets neue Verdemütigung. Ohne sie würde die Seele sich bald zur Ruhe setzen."[135]

Folgt Therese dabei nicht auch dem heiligen Paulus nach, der an die Gemeinde von Korinth schreibt: "Viel lieber also will ich mich meiner Schwachheit rühmen, damit die Kraft Christi auf mich herabkommt." (2 Kor 12,9) Oder: "So ist es uns eine Freude, wenn wir schwach dastehen, ..." (2 Kor 13,9) "Deswegen bejahe ich meine Ohnmacht, ... die ich für Christus ertrage; denn wenn ich schwach bin, dann bin ich stark." (2 Kor 12,10) Ist doch die Stärke, die Gott schenkt, niemals die eigene, und darum besteht auch kein Grund, darauf stolz zu sein. Vielmehr ist es Pflicht, dem Geber alles Guten gebührend zu danken.

Therese will als eine demütige "Magd des Herrn" (Lk 1,38) nicht verleugnen, was sie an Begabung und Gnaden reichlich in sich wahrnehmen darf: "Glauben Sie nicht, es sei Demut, die mich hindert, die Gaben Gottes anzuerkennen. Ich weiß, daß er große Dinge an mir getan hat, und glücklich besinge ich sie jeden Tag. Ich denke daran, daß der mehr lieben muß, dem mehr vergeben wurde." (vgl. Lk 7,47)[136] "Ich bekenne lieber ganz schlicht, daß der Allmächtige große Dinge in der Seele des Kindes ... gewirkt hat, und das größte besteht darin, daß Er ihm seine Kleinheit, seine Ohnmacht gezeigt hat."[137] Therese kann dies aber auch in humorvoller Weise ausdrücken: "Ich könnte nur wenig vollbringen oder rein nichts, wenn ich allein wäre ... Tatsächlich ist die Null an sich wertlos, aber zu einer Eins[138] gestellt, wird sie mächtig, vorausgesetzt, daß sie sich auf die richtige Seite stellt, hinter und nicht vor die Zahl!"[139]

In aller Bescheidenheit und mit der ihr eigenen Kühnheit weist Therese immer wieder auf das "Alles Gottes" hin, an dem auch die Kinder teilhaben dürfen.

Der steile Pfad zur tiefen Freude

"Christus nachfolgen"

Die "Nachfolge Christi" des Thomas von Kempen hilft der Heranwachsenden in besonderer Weise: "Seit langem nährte ich mich mit dem 'feinsten Mehl', das die 'Nachfolge Christi' enthält. Es war das einzige Buch, das mir wohltat, denn ich hatte die im Evangelium verborgenen Schätze noch nicht entdeckt."[140] Therese kann fast alle Kapitel auswendig, sie trägt das Buch immer bei sich. Im Haus ihrer Tante macht man sich gelegentlich den Spaß, das besagte Buch willkürlich aufzuschlagen, um sie das jeweilige Kapitel dann aufsagen zu lassen. Man kann sich denken, wie nachhaltig solch schwere geistliche "Kost" ein Mädchen ihres Alters beeinflußt und formt. Ihre Selbstbiographischen Schriften geben Zeugnis davon, weil nicht wenige Zitate in ihnen ihren Niederschlag finden. Einige Stellen seien hier angeführt: "Gott, der mein Herz für Sich allein wollte, erhörte bereits mein Gebet: 'Die irdischen Tröstungen in Bitterkeit zu verwandeln.'[141]"[142] "Er, dessen Reich nicht von dieser Welt ist (vgl. Joh 18,36), zeigte mir, daß die wahre Weisheit darin besteht, 'unbeachtet und geringgeschätzt sein zu wollen'[143] - 'seine Freude in der Selbstverachtung zu finden.'[144]"[145] In einem der vielen Briefe Thereses heißt es: "Ich will den Rat der 'Nachfolge Christi' in die Tat umsetzen: 'Der eine rühme sich hierin, der andere darin, deine Freude sei nur in der Verachtung deiner selbst, in meinem Willen und in meiner Verherrlichung'[146] oder: 'Wenn Du etwas zu Nutzen lernen willst, liebe unbekannt zu sein und nichts zu gelten!'[147] ... Als ich so dachte, fühlte ich einen großen Frieden in meiner

Seele, ich fühlte: Das war die Wahrheit und der Friede!"[148] Wieder bezieht sich Therese auf das ihr liebgewordene Buch, wenn sie P. Roulland schreibt: "Ich kann Sie nicht bedauern, weil sich in Ihnen die Worte der 'Nachfolge Christi' verwirklichen: 'Wenn Dir der Schmerz süß wird und Du ihn um Jesu Christi willen liebst, hast Du das Paradies auf Erden gefunden.'[149] Dies Paradies ist dem Missionar und der Karmelitin zu eigen; die Freude, die die Weltleute inmitten von Vergnügungen suchen, ist nur ein flüchtiger Schatten, unsere Freude aber, gesucht und verkostet in Mühen und Leiden, ist eine gar süße Wirklichkeit, ein Vorgeschmack der himmlischen Glückseligkeit."[150] Diese Worte haben sich gegen Ende ihres Lebens immer mehr erfüllt. Nachdem Therese ein zweites Mal die Ignipunktur über sich ergehen lassen muß, liest ihr am Abend Schwester Agnes aus dem Markusevangelium vor: "Er ist auferstanden; Er ist nicht mehr hier. Seht, da ist die Stelle, wo man Ihn hingelegt hatte." (Mk 16,6) Und Therese antwortet: "Ja, genau das ist es! Jetzt hat nicht mehr jeder Schmerz Gewalt über mich wie in meiner Kindheit ... machen Sie sich um mich keinen Kummer, ich bin dahin gekommen, daß ich nicht mehr leiden kann, denn alles Leiden ist mir süß."[151]

Konfliktbewältigung in Nächstenliebe[152)]

Viele ihrer Mitschwestern urteilten nur nach dem Augenschein. Man darf sich nicht darüber täuschen lassen, sie hätte keinerlei Prüfungen zu bestehen gehabt. In Thereses Schriften und mündlichen Äußerungen nimmt die Schilderung von Konflikten breiten Raum ein. Sie beginnt jeweils mit der wahrheitsgetreuen Darstellung des Problems, mit dem sie sich dann an Gott wendet. In diesem "Sich-zu-Gott-Aufschwingen" kommt auch die Beeinflussung durch den Ordensvater Johannes vom Kreuz gut zum Ausdruck: "Wieviel Erleuchtungen habe ich aus den Schriften Unseres Vaters, des hl. Johannes vom Kreuz, geschöpft! ... Im Alter von 17 und 18 Jahren bildeten sie meine einzige geistige Nahrung."[153)] Neben der Heiligen Schrift und der "Nachfolge Christi" gehört die Lektüre dieses spanischen Mystikers zu ihren wichtigsten. Für eine so junge Nonne ist das eher etwas Ungewöhnliches.

Johannes vom Kreuz beschreibt zwei Weisen, Konflikte und Versuchungen innerlich zu überwinden. Entweder direkt zu widerstehen: durch Tugendakte, indem man zum Beispiel einer Beleidigung die Tugend der Geduld oder einem tiefsitzenden Groll einen Gedanken aus dem Evangelium entgegensetzt. Die zweite Möglichkeit ist diese: Man antwortet bei inneren und äußeren Schwierigkeiten mit einem "anagogischen Akt", das heißt mit einer Bewegung "zu Gott hinauf". Man wendet sich dabei von der Versuchung weg hin zu Gott, gemäß dem Psalmenwort: "Der Herr ist deine Zuflucht ... Dir begegnet kein Unheil." (Ps 91,9f)

Alles hinter sich lassend, erhebt man sich wie mit einem Flügelschlag zu Gott, um ganz Ihm allein anzuhangen. Man könnte diese Bewegung auch "Aufschwung der Seele" nennen: Alles Unbedeutende vergißt und läßt sie zurück. Alles Notwendige wird in Gottes Licht geschaut und in Seiner Kraft vollbracht. Weil sie sich durch die Losschälung von allem Irdischen zu Ihm aufschwingt, nimmt der Herr sie an und gibt ihr Anteil an Seinem eigenen Leben. "Diese Aufwärtsbewegung vollzieht sich freilich im Glauben, doch ist sie, wie Johannes vom Kreuz sagt, 'inspiriert von der Liebe'".[154)]

Thereses Kunst liegt darin, die Lehre des "Doctor mysticus" in allen schwierigen Situationen des Klosterlebens praktisch anzuwenden und mit der ihr eigenen Note zu versehen.[155)] Das sollen einige ausgewählte Beispiele aus dem monastischen Alltagsleben zeigen und damit auch die Sr. Therese eigene, kaum zu überbietende Nächstenliebe verdeutlichen.

Die "Unsympathische" · "Es gibt in der Kommunität eine Schwester, die das Talent hat, mir in jeder Hinsicht zu mißfallen, ihre Manieren, ihre Worte, ihr Charakter schienen mir sehr unangenehm. Sie ist jedoch eine heilige Klosterfrau, die dem lieben Gott sicher sehr angenehm ist. So wollte ich der natürlichen Antipathie, die ich empfand, nicht nachgeben, ich sagte mir, die Liebe dürfe nicht in Gefühlen bestehen, sondern müsse sich in Werken äußern; nun bemühte ich mich, für diese Schwester zu tun, was ich für den mir liebsten Menschen getan hätte. Jedesmal, wenn ich ihr begegnete, betete ich für sie zum Lieben Gott und bot Ihm alle ihre Tugenden und Verdienste an. Ich fühlte, dies machte Jesus Freude, denn es gibt keinen Künstler, der nicht gerne Lob für seine Werke empfängt, und Jesus, der Künstler der Seelen, ist glücklich, wenn man sich nicht beim Äußeren aufhält, sondern bis zum inneren Heiligtum vordringt, das Er sich zum Wohnsitz erkoren hat und dessen Schönheit Er bewundert. Ich gab mich nicht damit zufrieden, viel für die Schwester zu beten, die mir soviele Kämpfe verursachte, ich suchte ihr alle möglichen Dienste zu leisten, und wenn ich in Versuchung kam, ihr auf unangenehme Art zu antworten, begnügte ich mich damit, ihr mein liebenswürdigstes Lächeln zu zeigen, und versuchte, das Gespräch auf etwas anderes zu lenken, denn es heißt in der 'Nachfolge Christi': 'Es ist besser, jeden bei seiner Meinung zu lassen, als sich mit Widersprechen aufzuhalten.' Oft auch, wenn ich außerhalb der Rekreation (ich meine während der Arbeitsstunden) mit dieser Schwester eine gemeinsame Arbeit zu verrichten hatte und meine inneren Kämpfe so heftig wurden, rannte ich wie eine Fahnenflüchtige davon. Da sie völlig ahnungslos war in bezug auf das, was ich für sie empfand, hat sie nie Verdacht geschöpft über die Beweggründe meines Verhaltens und blieb überzeugt, ihr Charakter sei mir angenehm. Eines Tages in der Rekreation sagte sie mit sehr zufriedener Miene ungefähr folgende Worte zu mir: 'Schw. Th. vom Kinde Jesus, würden Sie mir sagen, was Sie so sehr zu mir hinzieht, jedesmal, wenn Sie mich anblicken, sehe ich Sie lächeln?' Ach! was mich anzog, war Jesus, verborgen auf dem Grund ihrer Seele ... Jesus, der das Bitterste süß macht ... Ich entgegnete ihr, daß ich lächle, weil ich froh sei, sie zu sehen (selbstverständlich fügte ich nicht hinzu, dies gelte vom geistlichen Gesichtspunkt aus)."[156)]

Verborgen, im "letzten Winkel" vermag Therese "Ihn selbst in der Seele der Bräute zu sehen."[157)] Sie sieht tiefer als alles, was trübe ist und abstößt. Sie kann auf den Grund der anderen Seele schauen, "denn die Augen sind der Spiegel der Seele."[158)] Hier findet sie das verborgene Antlitz des Erlösers, das man nur schwer von dem trennen kann, dem es innewohnt. Man kann jenes nicht lieben, ohne das andere mitzulieben. Sie sieht dieses Antlitz wie eingeprägt in das Schweißtuch, unzertrennbar von ihm, und sie muß notgedrungen das Ganze zusammen lieben. Es ist ein Geheimnis der schöpferischen Kraft der Liebe. Wie Christus durch diese Kraft einen Sünder zum Kind Gottes macht, so nimmt auch der Christ daran teil, wenn er auf dem Grund der Seele des anderen die Züge des Herrn und das Siegel der Gotteskindschaft erblickt.[159)]

Der zuvor geschilderte Konflikt kann für das Leben im Kloster als typisch gelten: eine in Klausur lebende Gemeinschaft, von einer Klostermauer umgeben, mit immer denselben Schwestern verschiedener Bildung und Herkunft, ungleichem Temperament und Charakter. Gerade in diesem Umfeld ist Therese die Gabe verliehen, die nicht vermeidbaren Spannungen und Konfrontationen geistlich aufzuarbeiten und dadurch auch Gott näher zu kommen. Nach ihrem eigenen Eingeständnis empfindet sie zwar eine natürliche Antipathie gegenüber der Mitschwester, deren Manieren, Worte und Charakter ihr schwer zu schaffen machen. Sie bleibt aber dabei nicht passiv stehen, sondern flüchtet zu Gott und betet für eben diese Schwester und bietet Ihm deren Tugenden und Verdienste an. Was könnte sie

Besseres tun? Sie bereitet Jesus Freude, der ja der Künstler auch dieser Seele ist. Sie vollbringt ein Werk der wahren Liebe, das sich nicht in Gefühlen erschöpft, sondern davon unabhängig tätig wird. So leistet sie dieser Schwester alle möglichen Dienste und schenkt ihr obendrein noch ihr liebenswürdigstes Lächeln.

Es bleibt noch nachzutragen, daß diese Schwester tatsächlich überzeugt ist, daß es Therese in natürlicher Weise zu ihr hinzieht. Von Thereses heroischem Liebesakt hat sie keine Ahnung. Nach ihrem Tode im Jahre 1929 wird im Nekrolog folgende Äußerung von ihr veröffentlicht: "Sobald wir uns kennengelernt hatten, haben wir, meine Schwester Therese vom Kinde Jesu und ich, eine unwiderstehliche Anziehung füreinander empfunden."[160)]

Die Nachtlampen · "Eines Abends nach der Komplet suchte ich vergeblich unsere kleine Lampe auf dem gewohnten Wandbrett, das große Schweigen hatte begonnen, unmöglich, danach zu fragen ... Ich begriff, daß eine Schwester, im Glauben, ihre Lampe zu nehmen, die unsere genommen hatte, die ich doch so dringend brauchte; statt Kummer darüber zu empfinden, ihrer beraubt zu sein, war ich recht glücklich, ich fühlte, daß die Armut darin besteht, nicht nur die angenehmen Dinge zu entbehren, sondern selbst die unentbehrlichen; so wurde ich in der äußeren Finsternis innerlich erhellt ... Damals erfaßte mich eine wahre Liebe zu den häßlichsten und unbequemsten Gegenständen; so empfand ich Freude darüber, daß der hübsche, kleine Krug aus unserer Zelle entfernt wurde, und man mir statt dessen einen dicken, ganz beschädigten gab."[161)]

Während der eben berichtete Konflikt Therese zu einem tieferen Verständnis von Armut verhilft, führt sie der folgende zu Jesus und Maria. Therese hat einmal eine harte innere Auseinandersetzung zu bestehen, als sie für die unerwartet angekommene Familie von Mutter Maria von Gonzaga eine Nachtlampe "herrichten" mußte. Der Kampf war so heftig, und es stiegen derartige Gedanken gegen die Obrigkeit in ihr auf, daß sie inständig zu Gott um Hilfe flehen mußte, um nicht zu erliegen. Gleichzeitig führte sie diesen Auftrag so gut wie nur möglich aus: "Um mich zu besiegen, stellte ich mir vor, ich richte die Nachtlampe für die Heilige Jungfrau und das Jesuskind her; so tat ich es mit unglaublicher Sorgfalt; nicht das kleinste Stäubchen blieb auf der Lampe. Nach und nach zog ein tiefer Friede und eine große Süßigkeit in mich ein. Es läutete zur Matutin, und ich konnte dann nicht mehr hingehen. Aber in mir war eine so wunderbare Hochstimmung, ich hatte eine solche Gnade empfangen, daß ich Sr. St. Raphael mit Freude gehorcht hätte, wäre sie gekommen, um mir zum Beispiel zu sagen, ich hätte die falsche Lampe genommen und müsse eine andere herrichten."[162] Therese siegt, indem sie sich selber besiegt. So paradox das auch klingen mag, ist es doch "der größte aller Siege". Und als Belohnung - die sie keineswegs angestrebt hat - bleibt ein tiefer Friede zurück.

Das Schleierfest · Einkleidung und Profeßfeier sind im Ordensstand Höhepunkte. Erstere schließt die Zeit des Postulats ab, letztere die des Noviziats. Solche Tage werden festlich begangen, unterbrechen den gewohnten Alltag und sind Anlaß zur Freude. In Thereses Ordensleben aber sind gerade diese Festtage von Prüfungen und Betrübnissen reich und dunkel überschattet. Die Profeß gestaltet sich in zwei Feiern: einmal innerhalb der Klausur und das andere Mal in Anwesenheit von Verwandten, Bekannten und Freunden. Im Hinblick auf diese öffentliche Feier hegen Therese und ihre Schwester Céline die Hoffnung, den erkrankten Vater von Caen nach Lisieux kommen lassen zu können, da Anzeichen einer vorübergehenden Besserung festzustellen sind. Am Vortag des Schleierfestes wird im Sprechzimmer des Klosters alles beschlossen. Doch dann bricht die große Enttäuschung herein: Onkel Isidor Guérin widersetzt sich entschieden – "im Namen der menschlichen Klugheit."[163] Noch am selben Tag schreibt Therese: "Céline, wie soll ich dir sagen, was in meiner Seele vor sich geht? ... Sie ist verwundet, aber ich fühle, diese Wunde ist durch eine Freundeshand verursacht ... Du weißt, wie innig ich heute morgen gewünscht habe, unseren geliebten Vater wiederzusehen. Jetzt aber sehe ich ganz klar: Es war Gottes Wille, daß es nicht sein sollte. Er hat es einfach zugelassen, um unsere Liebe zu prüfen ... Er will mir auch in der Heimat die so berechtigten Freuden erstatten, die Er mir in der Verbannung versagte! ... Eine andere würde Dir über das Gespräch mit dem Onkel viele Erklärungen geben, aber Deine Therese weiß zu Dir nur in der Sprache des Himmels zu reden ... Die heutige Prüfung ist ein schwer zu verstehender Schmerz. Man sieht eine angebotene Freude, sie ist möglich, natürlich, wir strecken die Hand aus ... und wir können diese so ersehnte Tröstung nicht ergreifen ... Céline, nehmen wir willigen Herzens die Dornen an, die Jesus uns darbietet. Das morgige Fest wird ein Fest der Tränen für uns sein! ... Ah! ... wenn ich Dir den Frieden mitteilen könnte, den Jesus in meine Seele gelegt hat, mitten unter all den Tränen."[164] Und wirklich, die Tränen bleiben nicht aus, und sie werden mißverstanden, denn nur wenige kennen die wahre Ursache dafür. In dem zuvor zitierten Brief steht kein Wort des Vorwurfs gegen den Onkel. Hingegen führt sie dieser Schmerz zu einer tieferen Sicht ihrer leidvollen Situation. Sie sieht ihren Onkel nur als Instrument eines "anderen". Das ganze Geschehen bekommt eine geistliche Dimension, es ruft eine Gottesbeziehung besonderer Art hervor. Die Profeßkandidatin nimmt das Opfer an, um ihr Brautkleid mit einem "Diamanten" zu schmücken. Sie weiß Jesus getröstet und findet selbst in der Trübsal einen einzigartigen Frieden "auf dem Grund des Kelches"[165]. An all dem erkennen wir auch, wie Therese die Prüfung zum Anlaß nimmt, sich geistigerweise Gott in die Arme zu werfen. Dank der Erhebung ihres Herzens wird sie vor der Anfechtung bewahrt, Vorwürfe zu machen und Bitterkeit in sich aufkommen zu lassen.

Der Priorin ist nur zuzustimmen: Sie schreibt von einem "Kind, das sie gestern geopfert hat, diesen Engel von Kind mit siebzehneinhalb Jahren, mit einer Urteilskraft von dreißig Jahren, der klösterlichen Vollkommenheit einer alten Novizin und vollendeter Selbstbeherrschung; das ist eine perfekte Ordensfrau; kein Auge blieb gestern trocken angesichts ihrer großen und vollständigen Hinopferung."[166]

Die "Schwierige" · Therese erinnert sich an eine Begebenheit aus der Zeit ihres Noviziats: Eine alte, gebrechliche Schwester muß in den Chor und ins Refektorium gebracht werden, zehn Minuten vor sechs Uhr soll sich eine Schwester Zeit nehmen, um sie in den Speisesaal zu führen: "Es kostete mich viel, mich für diese kleine Dienstleistung anzubieten, denn ich wußte, es war nicht leicht, diese arme Schwester St. Pierre zufriedenzustellen, die so sehr litt, daß sie nicht gern die Begleiterin wechselte. Ich wollte jedoch eine so schöne Gelegenheit, die Liebe zu üben, nicht versäumen, in Erinnerung an das Wort Jesu: 'Was ihr dem Geringsten der Meinen tut, das habt ihr mir getan.' (vgl. Mt 25,40)" Therese bietet sich also zu diesem Liebesdienst an: "Nicht ohne Mühe erreichte ich, daß meine Dienste angenommen wurden! Endlich ging ich ans Werk, und ich war so guten Willens, daß ich vollen Erfolg hatte. Jeden Abend, wenn ich 'meine' Sr. St. Pierre ihre Sanduhr schütteln sah, wußte ich, daß dies heißen sollte: auf den Weg! Es ist unglaublich, was es mich, besonders im Anfang kostete, aufzubrechen; ich ging jedoch augenblicklich, und dann begann eine ganze Zeremonie. Zunächst hieß es, die Bank auf eine bestimmte Art wegzurücken und fortzutragen, vor allem ohne zu drängen; dann folgte der Spaziergang: Man mußte hinter der armen Kranken hergehen und sie dabei am Gürtel festhalten, ich tat es so behutsam wie nur möglich; aber machte sie unseligerweise einen Fehltritt, dann schien ihr gleich, ich hielte sie schlecht und sie würde fallen. – 'Ach! mein Gott! Sie gehn viel zu schnell, ich werd' mir die Knochen brechen.' Versuchte ich dann, noch langsamer zu gehen – 'So kommens' doch! Ich spür' Ihre Hand nimmer, Sie hab'n mich losg'lassen, ich fall' um; ach! ich hab's ja gleich g'sagt, daß Sie zu jung sind, um mich zu führen.' Schließlich gelangten wir ohne Unfall ins Refektorium; dort ergaben sich neue Schwierigkeiten, es galt Sr. St. Pierre hinzusetzen und sich geschickt anzustellen, um sie nicht zu verletzen, darauf mußte man ihr die Ärmel zurückschlagen (wieder auf eine bestimmte Art), dann durfte ich gehen." Nicht genug damit, Therese geht noch über das Erbetene hinaus: "Mit ihren armen, verkrüppelten Händen brockte sie das Brot in ihren Napf, so gut sie es konnte. Das bemerkte ich bald, und jeden Tag verließ ich sie erst, wenn ich ihr auch diesen kleinen Dienst erwiesen hatte. Da sie mich nicht darum gebeten hatte, war sie über meine Aufmerksamkeit sehr gerührt, und durch dieses nicht eigens gesuchte Mittel gewann ich vollends ihre Gunst und vor allem (ich erfuhr es erst später), weil ich, nachdem ich ihr Brot geschnitten hatte, vor dem Weggehen mein schönstes Lächeln aufsetzte."[167)]

An einem Winterabend erweist Therese wie gewöhnlich ihrer alten, kranken Mitschwester diesen Dienst, als sie plötzlich aus der Ferne den harmonischen Klang eines Musikinstrumentes hört. In ihrer blühenden Phantasie stellt sie sich einen hellerleuchteten Salon mit glänzendem Goldschmuck und elegant gekleideten Mädchen in vornehmer Gesellschaft vor. Dann fällt ihr Blick auf die arme Kranke, die sie gerade stützt, und statt einer schönen Melodie und leuchtendem Schmuck nimmt sie klagendes Stöhnen und einen nur schwach erleuchteten Kreuzgang wahr: "Ich vermag nicht in Worte zu fassen, was in meiner Seele vorging: Was ich weiß ist, daß der Herr sie mit den Strahlen der Wahrheit erleuchtete, die den trüben Glanz irdischer Feste derart übertreffen, daß ich mein Glück nicht zu fassen vermochte ... nicht um tausend Jahre weltlicher Feste genießen zu können, hätte ich die zehn Minuten hergegeben, die mein geringer Liebesdienst erforderte ... Wenn man schon im Leiden, im Schoße des Kampfes, beim Gedanken, daß Gott uns aus der Welt herausgeführt hat, einen Augenblick jener Wonne kostet, die alle Wonnen der Erde übersteigt, was wird es erst im Himmel sein, wenn wir, im Schoße einer ewigwährenden Freude und Ruhe, die unvergleichliche Gnade schauen, die der Herr uns gewährte, indem Er uns zum Wohnen in Seinem Haus erwählte, dem wahren Vorhof der Himmel? ... Nicht immer habe ich die Liebe in solch jubelndem Entzücken geübt, doch am Anfang meines Klosterlebens wollte mich Jesus verkosten lassen, wie lieblich es ist, Ihn selbst in der Seele Seiner Bräute zu sehen; daher führte ich "meine" Sr. St.Pierre mit so viel Liebe, daß ich es unmöglich besser hätte tun können, wenn ich Jesus selbst hätte führen müssen."[168)]

Begonnen hat diese Episode bei den Ansprüchen der alten, kranken und schwierigen Schwester - und wo endet sie? Sie endet und findet ihren Höhepunkt bei Jesus, dem Therese in der gebrechlichen Schwester dient. Daher bekommt sie die Kraft, die alte Mitschwester so zu führen, als hätte sie Jesus Selbst zu führen. Zu Beginn steht das Bekenntnis: "Es ist unglaublich, was es mich ... kostete", am Schluß die frohe Überwindung in der Liebe. Hier sehen wir, wie sie sich selbst bezwungen und den aufbauenden Akt in einer nicht leichten Situation auf ganz praktische Weise geübt hat.

Schwester St.Pierre stirbt am 9. November 1895. In diesem Jahr wird auch Céline eingekleidet, die beim Prozeßverfahren folgende Aussage macht: "Schon in den ersten Tagen nach meinem Eintritt ließ mich Schwester St.Pierre in ihr Krankenzimmer bitten und sagte, sie habe mir eine sehr wichtige Sache anzuvertrauen. Sie ließ mich auf einer kleinen Bank ihr gegenüber Platz nehmen und erzählte mir im Detail von all der Liebe, die Therese für sie geübt hat. Dann sagte sie in feierlichem Ton und geheimnisvoll: 'Ich behalte alles, was ich davon denke ... aber dieses Kind wird es weit bringen ... Wenn ich Ihnen all das erzählt habe, dann deshalb, weil Sie jung sind und es später anderen sagen können – solche Akte der Tugend dürfen nicht unter dem Scheffel bleiben.'"[169]

Das Geräusch · Einen weiteren ihrer "kleinen Kämpfe" beschreibt Therese wie folgt: "Lange Zeit hatte ich bei der Abendbetrachtung meinen Platz vor einer Schwester, die eine seltsame Angewohnheit besaß, und, ich denke ... viele Erleuchtungen hatte, denn sie bediente sich selten eines Buches. Ich bemerkte es an folgendem: Sobald die Schwester da war, begann sie, ein seltsames kleines Geräusch zu erzeugen, ungefähr so, als würden zwei Muscheln aneinandergerieben. Ich allein nahm es wahr, denn ich habe ein äußerst feines Gehör (ein wenig zu fein manchmal). Ich kann Ihnen gar nicht sagen, meine Mutter, wie sehr mich dieses kleine Geräusch ermüdete: am liebsten hätte ich mich umgedreht und die Schuldige angeblickt, die sich ihres Ticks nicht bewußt war; das war das einzige Mittel, sie darauf hinzuweisen; doch im

Grunde des Herzens fühlte ich, daß es besser sei, die Sache geduldig zu ertragen aus Liebe zum lieben Gott und um die Schwester nicht zu kränken. Ich verhielt mich also ruhig, versuchte mich mit dem lieben Gott zu vereinen, das kleine Geräusch zu vergessen ... alles war vergeblich, ich fühlte mich in Schweiß gebadet und war genötigt, einfach ein Leidensgebet zu verrichten, aber während ich litt, forschte ich nach einem Mittel, es nicht gereizt zu tun, sondern in Freudigkeit und Frieden, wenigstens im Innersten meiner Seele. So versuchte ich, dieses gar so unangenehme kleine Geräusch zu lieben; statt danach zu trachten, es nicht zu hören - ein Ding der Unmöglichkeit - bemühte ich mich, ihm aufmerksam zu lauschen, als wäre es ein entzückendes Konzert, und mein ganzes Gebet (es war nicht jenes der Ruhe) bestand darin, dieses Konzert Jesus darzubringen."[170]

Wer ein feines Gehör hat, der weiß, wie störend ein unangenehmes Geräusch in der Stille des Gebetes sein kann. Die Anstrengung für die sensible Therese, das Geräusch geduldig zu ertragen, ist zu groß. Dennoch versucht sie in der Liebe, die "erfinderisch macht", diese Geduldprobe zu bestehen. Sie verzichtet auf den anklagenden bestrafenden Blick. Diese Unannehmlichkeit beiseite zu schieben oder zu vergessen, gelingt ihr nicht, darum tut sie das Gegenteil, sie lauscht aufmerksam ihrem "kunstvollen Privatkonzert". So hat sie tatsächlich ein Mittel gefunden, den Frieden, zumindest ansatzweise, zu bewahren.

Beim Waschen · An einem Waschtag arbeitet Therese vor einer Mitschwester, die ihr jedesmal, wenn sie die Taschentücher auf die Bank hochhebt, schmutziges Wasser ins Gesicht spritzt: "Meine erste Regung war, zurückzuweichen und mir das Gesicht abzuwischen, um der Schwester, die mich bespritzt, zu zeigen, daß sie mir einen Gefallen täte, wenn sie sich ruhig verhielte, aber sofort kam mir in den Sinn, daß ich recht dumm wäre, Schätze zurückzuweisen, die mir so freigebig gespendet wurden, und ich hütete mich, mir meinen Kampf anmerken zu lassen. Ich gab mir größte Mühe zu wünschen, viel schmutziges Wasser abzubekommen, so daß ich schließlich an dieser neuen Art von Besprengung geradezu Geschmack fand und mir vornahm, ein andermal wieder diesen bevorzugten Platz einzunehmen, wo man soviel Kostbares empfing." Dennoch kommt es auch vor, daß sie sich solche "kleinen Opfer", die der Seele so viel Frieden bringen, entgehen läßt: "Das entmutigt mich nicht, ich ertrage es, etwas weniger Frieden zu haben, und trachte danach, ein andermal wachsamer zu sein."[171)]

Es grenzt fast an ein Wunder seelischer

Kraft, daß es Therese gelingt, den Gesetzen natürlichen Empfindens und natürlicher Sympathie zum Trotz alles Widrige anzunehmen und daran Gefallen und Liebe zu finden. Rein menschlich betrachtet, erscheint diese Einstellung Thereses wie ein "Als-Ob". Dabei liegt die Kritik nahe, die man oft am Ordensstand übt: er überspanne nicht nur die menschlichen Möglichkeiten, sondern er verbilde auch das Herz und erziehe zu einer tiefliegenden Unwahrheit. Verliert, wer in allen Menschen nur das Gute sehen will, alles nach der guten Seite hin auslegt, allen ein gutes Motiv zubilligt, nicht den gesunden Blick für die Wirklichkeit und für notwendige Kritik? Eine Novizin, die andere als "töricht, taktlos und aufdringlich" bezeichnen, wird von Therese als "unschuldig, offen, mitteilsam, geraden Herzens"[172)] beschrieben. Wer von ihnen hat recht? Oder gibt es zwei Maßstäbe, einen der Gerechtigkeit und einen der Liebe? Es wird wohl sein, daß Gott seine Gaben unter den Menschen verschieden verteilt, dem einen mehr die liebende Gerechtigkeit und dem anderen mehr die gerechte Liebe anvertraut. Therese ist dabei das Letztere zugefallen, denn sie wußte, daß - bei allem Gerechtigkeitsbedürfnis des Menschen - der schöpferische Blick der Liebe in die Tiefen der anderen Seele der wahre und damit auch der gerechte ist. Ihr einziger Maßstab ist dabei die Liebe

Jesu Christi.[173] "Als aber Jesus Seinen Aposteln ein neues Gebot gab, Sein eigenes Gebot, wie Er es später nennt, sagt Er nicht mehr, man müsse seinen Nächsten lieben wie sich selbst, sondern wie Er, Jesus, ihn geliebt hat, wie Er ihn lieben wird bis ans Ende der Zeiten."[174] Er selbst muß dies in Therese vollbringen, denn alleine weiß sie sich dazu nicht fähig.

Der von Therese nach dem Vorbild des hl. Johannes vom Kreuz beschrittene Weg ist ein Weg des Glaubens. Er ist keine Flucht vor den konkreten Herausforderungen des Alltags. Zudem stellt die emporführende Bewegung auch kein psychologisches Verfahren dar, wobei die Hingabe an Gott nur zum Vorwand dient, vor der Realität des Lebens insgeheim zu kapitulieren. Sie verlangt vielmehr, die Hindernisse klar ins Auge zu fassen und das Wagnis auf sich zu nehmen, ihre Überwindung Gott anheimzustellen. Sie ist nicht ein Mittel, um Konflikte zu beseitigen, sondern eines, sie auf geistige Weise zu bewältigen. So wird das erfahrene Leid zu einer Erprobung der göttlichen Tugenden: des Glaubens, der Hoffnung und der Liebe. Dieser Weg der Hingabe hat also nichts zu tun mit einer "bequemen" Lösung. Er überdeckt nicht einen verborgenen Psychologismus und ist auch kein Ersatz für einen echten Glaubensakt. Es ist geradezu seine Besonderheit, dem reinen Glauben den größten Anteil zuzuweisen, ja ihn zur ausschließlichen geistigen Haltung werden zu lassen; damit entspringt er der unverfälschten Lehre des Evangeliums.[175)] Therese geht hier einen Weg, der nicht unüberwindlich, aber reichlich steil anmutet.

"Seinen Willen tun"

In allem wollte Jesus den Willen dessen tun, der Ihn gesandt hat. (vgl. Joh 4,34) Immer tut Er das, was dem Vater gefällt. Das nennt Er sogar Seine "Speise". (vgl. Joh 8,28; 4,34) Seine Verfügbarkeit reicht bis zur Hingabe Seines Lebens. Auch für Thereses Sendung ist der Wille Gottes allbestimmend: "Ich wäre nicht so heiter, wie ich es bin, wenn der liebe Gott mir nicht zeigte, daß die einzige Freude auf Erden darin besteht, Seinen Willen zu erfüllen."[176)] Wenn sie als Kind sagt, daß sie "alles" wählt, so sind diese Worte doch schon eine Antwort darauf, daß Gott sie ergreifen will. Als Zweijährige, da Pauline ihren Wunsch, ins Kloster einzutreten, bekannt gibt, erklärt sie, daß auch sie Klosterfrau werden wolle. "Sie wählt früh, aber früher noch ist sie die Gewählte."[177)] Wenn sie daher den Eintritt in den Karmel mit einer Art Zähigkeit verfolgt und (scheinbar) ihren Willen durchsetzen will, so darf man dahinter den Gehorsam, ihr "Ja" zum Willen Gottes sehen. Es bleibt ihr schließlich kein anderes Mittel als an den Papst zu "appellieren": "Ich weiß nicht, wie ich es anstellen werde, den Papst anzureden ... Trotzdem bin ich fest entschlossen, ihn anzusprechen."[178] Und sie tut es auch. Therese kann sich nicht fügen, denn der Ruf in ihr ist ein unbedingter: Er ist stärker als sie selbst. Sie ist erwählt und kann den Willen Gottes nicht anderen Zufällen überlassen. Allem kirchlichen Gehorsam (scheinbar) zuwider, drängt sie nach vorne: "Da legte ich meine Hände auf seine Knie und machte einen letzten Versuch, indem ich mit flehender Stimme bat: 'O Heiliger Vater, wenn Sie Ja sagten, wären alle einverstanden! ...' Er sah mich fest an, und indem er jede Silbe betonte, sprach er: 'Schon gut ... schon gut ... Sie werden eintreten, wenn der liebe Gott es will!'"[179] Therese allein weiß zu diesem Zeitpunkt, daß Er es will. Sie muß es den anderen nur noch beweisen, daß ihr Drängen nicht ihrem Eigensinn entspringt, sondern in Wahrheit höchste Indifferenz ist.[180]

Am Ende ihres Noviziatsjahres muß Therese noch weitere acht Monate warten, bis sie die Gelübde ablegen darf. Im ersten Augenblick bedeutet das ein großes Opfer, doch dann erkennt sie, daß das lebhafte Verlangen nach der Profeß von großer Eigenliebe durchsetzt ist: "Da ich mich Jesus geschenkt hatte, um Ihm Freude zu machen, Ihn zu trösten, durfte ich Ihn nicht zwingen, meinen Willen zu tun statt des Seinen."[181] Der Wille ihrer Oberen gilt ihr zu diesem Zeitpunkt schon als alleiniger Kompaß, den Willen Gottes zu erfüllen, ohne sich vor Täuschung fürchten zu müssen. Denn Jesus, der in den Seelen der Ordensoberen lebt, tut durch sie Seinen Willen kund.[182]

Schließlich hat in ihrem Herzen nichts mehr Platz außer dem Willen Gottes: "Mein Herz ist voll vom Willen des lieben Gottes; gießt man etwas darüber, so dringt es nicht mehr ins Innere, es ist ein Nichts, das leicht abgleitet, so wie Öl sich mit Wasser nicht vermengt. Im Grunde verbleibe ich immer in einem tiefen Frieden, den nichts trüben kann."[183] Wer Gott niemals seinen eigenen Willen aufdrängt, kann beruhigt sein, stets Seinen Willen zu tun: "Nie habe ich den lieben Gott gebeten, jung zu sterben. Ich bin also sicher, daß Er gegenwärtig nur Seinen eigenen Willen erfüllt."[184] Therese will nichts, was den Plänen Gottes zuwider laufen könnte, auch wenn es die Linderung ihrer eigenen Schmerzen betrifft: "Ich habe den lieben Gott gebeten, kein Gebet zu erhören, das Seine Pläne mit mir durchkreuzen könnte."[185] In ihrer schelmischen Art will sie Gott sogar in Verlegenheit bringen: Der Konvent meint, sie müsse an diesem Tag eigentlich zufrieden sein, weil sie Blut gespuckt hat und so den "göttlichen Dieb" herannahen sieht: "Auch wenn ich Ihn nicht sähe, ich liebe Ihn so, daß ich immer mit allem zufrieden bin, was Er tut. Ich würde Ihn nicht minder lieben, wenn Er nicht käme, um mich zu holen. Im Gegenteil. Wenn Er mich zu täuschen scheint, dann mach ich Ihm allerhand Artigkeiten, so daß Er nicht mehr weiß, wie Er es anstellen soll."[186] Das spricht sie in einem ungezwun-ge-nen Ton, als wäre es der beste Freund, den sie in Verlegenheit bringen will. Und wenn sie erst einmal ganz bei Gott sein wird, dann will sie Ihm keine Ruhe lassen, "bis Er mir alles gegeben hat, was ich will! ... Immer ließ Er mich das wünschen, was Er mir geben wollte. Sollte Er denn im Himmel anfangen, meine Wünsche nicht mehr zu erfüllen? Das kann ich wirklich nicht glauben."[187] In ihrem Gedicht über die Freude stellt sie fest: "Wirklich, ich bin deshalb allzu glücklich. Ich tue immer meinen Willen ... Sollte ich da nicht voll Freude sein und meine Fröhlichkeit nicht zeigen?" Was sie dabei mit "meinen Willen" meint, verrät sie in der daraufolgenden Strophe: "Meine Freude, das ist der heilige Wille Jesu ... Die Nacht liebe ich ebenso wie den Tag."[188] Therese ist niemals enttäuscht, weil sie immer mit dem zufrieden ist, was und wie Gott es fügt: "Das einzige Glück auf Erden besteht darin, bestrebt zu sein, stets jenen Anteil köstlich zu finden, den Jesus uns schenkt."[189]

Sie weiß sehr wohl, daß das nicht ihre eigene Leistung ist, sondern Gnade, denn Gott ist es, der sie das wünschen läßt. Und es ist auch eine deutliche Kritik an der "großen" Theresia und ihrer so laut geäußerten Todessehnsucht, wenn die "kleine" Therese sagt: "Von mir wird man das nicht sagen können, was unsere Mutter St. Theresia von sich gesagt hat: Sie stirbt daran, nicht sterben zu können. Meine Natur verlangt nach dem Himmel, gewiß. Aber die Gnade hat in meiner Seele viel Macht über die Natur gewonnen. Ich kann dem lieben Gott nur wiederholen:

'Lange noch will ich leben,
Herr, wenn so Du's gedacht,
Dir nach zum Himmel streben,
Wenn es Dir Freude macht' ..."[190)]

Therese wendet sich mit ihren Anliegen und Wünschen an die Mutter des Herrn und vertraut ganz auf deren mütterliche Vermittlung: "Die Muttergottes bitten ist nicht dasselbe wie den lieben Gott bitten. Sie weiß schon, was sie mit meinen kleinen Wünschen anzufangen hat, ob sie diese sagen muß oder nicht, damit der liebe Gott nicht genötigt wird, mich zu erhören, damit man Ihn in allem Seinen Willen tun lasse."[191)] "Gar oft habe ich die Muttergottes gebeten, dem lieben Gott zu sagen, Er solle mit mir keine Umstände machen. Sie ist es, die meine 'Bestellungen' ausrichtet... Ich überlasse mich und bin glücklich."[192]

Natürlich hat sie auch ihre eigenen Vorstellungen und Wünsche, doch sie besteht nicht hartnäckig auf ihnen. Sie setzt voraus, daß Gott in seiner übergroßen Liebe ihr nicht leichtfertig eine Bitte verweigert. So steigert sich ihre Liebe gerade in dem Maß, als sie unerhört bleibt.[193] Es klingt geradezu paradox, wenn sie sagt: "Oft bitte ich die Heiligen, ohne erhört zu werden. Aber je 'tauber' sie meinem Rufe zu sein scheinen, um so mehr liebe ich sie."[194] "Gestern abend habe ich die Muttergottes gebeten, nicht mehr husten zu müssen, damit Schwester Geneviève schlafen kann. Aber ich fügte bei: Wenn du mich nicht erhörst, so werde ich dich noch mehr lieben."[195] Auf diesem Höhenflug schließt sie so eindrucksvoll vom Leiden auf die Güte Gottes: "Ich habe noch keine so schlechte Nacht mitgemacht. O wie gut muß doch der liebe Gott sein, daß ich das alles aushalten kann, was ich leide."[196] Man sieht also, daß mitten in ihrer Indifferenz immer noch Platz bleibt für eigene Wünsche, auch wenn diese mehr das Wohl der anderen als das eigene zum Ziel haben.

Therese hat Wünsche, aber die sind in Wirklichkeit nur kleine Nebensächlichkeiten, die zum Beispiel den Todestag oder die Todesstunde betreffen. So möchte sie an keinem Festtag sterben, weil das nicht ihrem "kleinen Weg" entspricht: "Hoffentlich passiert mir morgen kein Unglück!"[197] Auch will sie nicht in der Nacht aus dem Leben scheiden: "Heute nacht werde ich nicht sterben, glaubt mir! Ich habe den Wunsch gehabt, nicht des Nachts zu sterben, und ich habe die Muttergottes darum gebeten."[198] Doch wo es um Größeres geht - wie die Dauer oder die Intensität des Leidens - verzichtet sie auf Wünsche. Sie wird gefragt, ob sie lieber sterben als weiterleben möchte: "Ach, Mütterchen, ich wiederhole Ihnen, ich liebe das eine nicht mehr als das andere. Was der liebe Gott vorzieht und für mich wählt, das ist es, was mir besser gefällt."[199] "Ich verlange weder den Tod noch das Leben; ließe der Herr mir die Wahl, so würde ich gar nichts wählen; ich will nur, was er will; ich liebe nur, was er tut!"[200]

Der menschliche Wille ist frei und soll auch schöpferisch sein, aber er darf sich dabei nicht unabhängig neben oder gar außerhalb des göttlichen Willens stellen, denn dann wäre er zum Scheitern verurteilt. Therese versteht die Beziehung ihres geschöpflichen Willens zum göttlichen Willen - wenn auch mit einem gewissen "heiteren" Unterton - als eine Art Austausch, der dem Geheimnis eines persönlichen Liebesverhältnisses entspringt: "Der liebe Gott wird im Himmel alle meine Wünsche erfüllen müssen, weil ich auf Erden nie meinen Willen getan habe."[201] "Stets gab Er mir, was ich wünschte, ja vielmehr: Er ließ mich wünschen, was Er mir geben wollte."[202] Somit macht Therese das Wollen Gottes zu ihrem eigenen. Sie glaubt nicht, daß die geistige Fruchtbarkeit einseitig im Leiden besteht. Das, worauf es dabei ankommt, ist die Erfüllung des Willens Gottes, und der kann ebenso in der Freude bestehen.

Freude für Jesus

Thereses Freude ist es, andere zu erfreuen. Ganz besonders ist sie bestrebt, dem Freude zu bereiten, der ihr ein und alles ist: "Da ich mich Jesus geschenkt hatte, um Ihm Freude zu machen, Ihn zu trösten, durfte ich Ihn nicht zwingen, meinen Willen zu tun statt des Seinen."[203] Wenige Wochen vor ihrem Tod bekräftigt sie dieses Verlangen noch einmal, gleichsam als ihr Testament: "Was es (Sein Kind Therese) schätzt, was es allein verlangt, ist, Jesus Freude zu machen. Jetzt, da Er sich ihm zu nähern scheint, um es zum Sitz Seiner Herrlichkeit emporzuziehen ..."[204]

Freude zu bereiten ist für Therese auch möglich, wenn ihr selbst danach gar nicht zumute ist. Sie erklärt das in einem Vergleich: "Wenn wir in der Dunkelheit, in der Trockenheit sind, liegt das Holz nicht in unserer

Reichweite. Aber sind wir nicht verpflichtet, wenigstens kleine Strohhalme hineinzuwerfen? Jesus ist mächtig genug, das Feuer allein zu unterhalten, doch freut Er Sich, wenn Er sieht, daß wir auch etwas dazu beitragen. Das ist eine Aufmerksamkeit, die Ihm Freude macht, und dann wirft Er viel Holz ins Feuer ... Ich habe diese Erfahrung gemacht: wenn ich nichts empfinde, wenn ich unfähig bin zu beten, die Tugend zu üben, dann ist es an der Zeit, kleine Gelegenheiten zu suchen, Nichtigkeiten, die Jesus Freude bereiten, mehr Freude als die Herrschaft über die Welt oder sogar mehr als das großmütig erlittene Martyrium, beispielsweise ein Lächeln, ein liebes Wort, wenn ich nichts sagen oder ein verdrießliches Gesicht machen möchte usw. usw." Um keinen falschen Eindruck zu erwecken, gesteht sie auch gleich, daß sie nicht immer das tut, was sie wünscht, und sagt: "O nein! Ich bin nicht immer treu, doch ich verliere nie den Mut."[205)]

Ihrer Schwester Léonie, die zum zweiten Mal das Kloster verlassen hat, sagt sie das einfache "Rezept" zur Erlangung der Vollkommenheit: "Während Du Dich treu den äußeren Werken widmest, sei Dein Ziel ein einziges: Jesus Freude machen ..."[206)] Die von ihr bevorzugte Art, Jesus zu erfreuen, zu der sie sich im Innersten auch berufen fühlt, ist es, viel für das Heil ihrer Mitmenschen zu tun:

"Machen wir gemeinsam Jesus Freude, retten wir Ihm Seelen durch unsere Opfer."[207)]

Jesu Spielzeug

Therese trägt nicht von ungefähr den Beinamen "vom Kinde Jesus". Den Inhalt ihrer Lehre zeigt sie gerne in der Sprache und Vorstellungswelt der Kinder. Die Kindheit wird so zur Gleichnissprache für eine andere, umfassendere Wirklichkeit: für das ganze Reich der Liebe. Insbesondere bekommt hier das Spiel seinen unverzichtbaren Stellenwert. Der spielende Mensch ist von jeher ein Geheimnis der menschlichen, besonders der christlichen Lebensweisheit, auch der göttlichen Offenbarung, der Heilsgeschichte. Mehr und mehr erkennt man das Spiel als eine "heilende Notwendigkeit für uns Menschen von heute, die wir in die Verzwecktheit des blöden Ernstes oder die Sinnlosigkeit bloßer Diesseitigkeit verstrickt sind. Die besten Geister unserer Tage haben sich an dieser Frage wundgerieben oder - fröhlich gemacht!"[208)] Doch "das wahre Spiel und die endlose Fröhlichkeit beginnt erst jenseits der Erde."[209)] Das Spiel stammt aus dem Paradies und ist ein geschöpfliches Gleichnis für die Beschäftigung Gottes. Es ist auch die alleinige Beschäftigung des Kindes, im Gegensatz zu den Erwachsenen, die sich unter dem Fluch der erbsündlichen Arbeit mühen.[210)]

Therese will nicht sosehr diejenige sein, die selber spielt, sondern lieber die, die sich "wie ein Ball" dem Jesuskind zur Verfügung stellt. Wieder, um Jesus Freude zu bereiten, will sie sich als kleiner Spielball ganz dem göttlichen Kind überlassen, selbst dann, wenn Es sie schlecht behandelt: "Ich hatte Ihm gesagt, Es soll mich nicht wie ein kostbares Spielzeug behandeln, das die Kinder nur anschauen, weil sie nicht wagen, es anzurühren, sondern als einen kleinen Ball von keinerlei Wert, den Es auf den Boden werfen, mit dem Fuß stoßen, durchbohren, in einem Winkel liegen lassen oder an Sein Herz drücken kann, wenn es Ihm Freude macht. Mit einem Wort, ich wollte den kleinen Jesus unterhalten, Ihm Spaß machen, ich wollte mich ganz Seiner kindlichen Unberechenbarkeit überlassen."[211)]

Bei ihrer Papstaudienz macht sie eben diese schmerzlichen Erfahrungen des Spielballs der Kinder: Er wird angestochen, bleibt am Boden liegen ... Durch diese Vergleiche aus der Kinderwelt, mit dem Jesuskind als Akteur, wird der Schmerzlichkeit und Bitterkeit, die in diesem Geschehen liegen, ein wenig die Spitze genommen; zudem ermöglicht es Therese auch eine leichtere Bewältigung des Erlebten: "Er durchlöchert mich mit Nadelstichen. Der arme kleine Ball kann nicht mehr. Überall hat er ganz kleine Löcher, die ihn mehr leiden lassen, als wenn er nur ein großes hätte! ... Ist Er es nicht Selbst, der Seinen kleinen Ball durchsticht, so führt Er doch die Hand, die ihn durchsticht! ... Wenn Jesus schlafen will, warum soll ich Ihn daran hindern? Ich bin froh genug, daß Er sich mit mir nicht ziert. Er zeigt mir, daß ich für Ihn keine Fremde bin, wenn Er mich so behandelt, denn ich versichere Sie, Er läßt Sich die Unterhaltung mit mir nichts kosten!"[212)]

Darüber hinaus identifiziert Therese sich oder Mitschwestern auch noch mit anderen Spielsachen: zum Beispiel mit einem Kegel oder einem Kreisel. Sehr Hartes, fast Grausames bekommt in diesen Bildern fröhliche Beschwingtheit, etwa die Peitschenhiebe, die nötig sind, den Kreisel zum Tanzen zu bringen und in Schwung zu halten: "Laß Dir diesen Dienst von Deinen Mitschwestern erweisen und sei jenen besonders dankbar, die am meisten dazu beitragen werden, Deinen 'Gang' zu beschleunigen."[213)]

Mit diesen Spielsachen übergibt sich Therese in jene uneingeschränkte Verfügbarkeit, ähnlich wie der Ton dem Töpfer gegenüber. Das Spielzeug, das sie gern sein will, hat keine andere Aufgabe und Bedeutung, als das Jesuskind zu unterhalten und zu erfreuen.

Einfach vor Gott

Eine weise ältere Nonne versteht Therese gut, wenn sie während der Erholungszeit zu der jungen Mitschwester sagt: "'Mir scheint, mein Töchterchen, Sie haben Ihren Oberen nicht viel zu sagen ... weil Ihre Seele äußerst einfach ist.'" Aufs erste hört es sich wie eine Beleidigung an, so als ob es Therese an der nötigen Intelligenz fehlte. Doch schon im nächsten Satz wird es zu einem Kompliment, das sich auch auf die Zukunft bezieht: "'Aber wenn Sie einst vollkommen sein werden, dann werden Sie noch einfacher sein; je mehr man sich Gott nähert, umso einfacher wird man.' Die gute Mutter hatte recht."[214] Denn in der Einfalt und Einfachheit nimmt man Teil an der göttlichen Einfachheit. Therese "ist die Natürlichkeit selbst, sie lebt in einer 'Familiarität' mit Gott, wie Gott sie ursprünglich dem Menschen schenken wollte, wie sie der wahren paradiesischen Natur entsprach."[215]

Therese will auch ihrer Kusine Marie die Schüchternheit im Umgang mit Gott nehmen, will ihr etwas von ihrer eigenen Schlichtheit und Unbefangenheit Gott gegenüber vermitteln. Er "durchschaut" die Menschen ohnehin. Es ist daher nicht nötig, Ihm etwas vorzuspielen: "Du kommst mir vor wie ein kleines Dorfmädchen, um dessen Hand ein mächtiger König anhält, und das nicht einzuwilligen wagt unter dem Vorwand, es sei nicht reich, nicht gebildet genug in den Umgangsformen des Hofes, ohne daran zu denken, daß der königliche Bräutigam seine Armut und Schwachheit besser kennt als es selbst ... Marie, wenn Du nichts bist, darfst Du nicht vergessen, daß Jesus alles ist."[216] "Die wahre Liebe ziert sich nicht; sie ist vollkommen natürlich."[217] Noch eindringlicher drückt sie sich Abbé Bellière gegenüber aus: "Ich bitte Sie inständig, winden Sie sich nicht länger zu seinen Füßen, folgen Sie dem 'ersten Aufschwung, der Sie in seine Arme zieht' ... Deshalb ist der Weg des einfältigen, liebenden Vertrauens für Sie angelegt. Ich möchte, daß Sie mit dem lieben Gott einfach seien, aber auch ... mit mir."[218]

Es liegt ihr viel daran, sich Gott mit größter Einfachheit zuzuwenden und Ihm freimütig und offen alles zu sagen, ohne etwas zu entstellen oder zu beschönigen, denn "einfache Seelen bedürfen keiner umständlichen Mittel."[219] Man kann sich nur der Meinung Von Balthasars anschließen, der das so ausdrückt: "Therese behält zeitlebens eine restlose Unbefangenheit in der naiven, reinen Bezeugung der Liebe."[220]

Das "Geheimnis" des Lächelns

Ein Lächeln kann sehr viele Schattierungen haben. Es gibt das ironische, spöttische, überhebliche, nichtssagende, gleichgültige, gewollte, verkrampfte und gezwungene, andererseits aber auch das wohlwollende, stille, einfache, heitere, bescheidene, strahlende, freundliche, zufriedene oder entwaffnende Lächeln. Zum Leben Thereses gehört das Lächeln so sehr, daß Nigg meint: "An der Frage, wie man das Lächeln im Leben der Therese deutet, entscheidet es sich, wie tief man diese Gestalt verstanden hat."[221)]

Von ihren Kindertagen heißt es: "Damals lächelte uns alles zu."[222)] Aber schon bald muß sie auch die andere Seite des Lebens kennenlernen. Als Zehnjährige ernsthaft erkrankt, wird sie schließlich vom "bezaubernden Lächeln" der Muttergottes geheilt. Dieses Erlebnis muß in ihr einen nachhaltigen Eindruck hinterlassen haben, denn das Wort "lächeln" ist in ihren Schriften sehr oft zu finden.

Therese empfiehlt einer jungen Schwester, die versprechen will, sich künftig nur mehr bei Gott auszuweinen, auch Ihn mit einem Lächeln zu "täuschen": "Sich beim lieben Gott ausweinen? Hüten Sie sich wohl davor! Ihm gegenüber dürfen Sie sich die Traurigkeit noch weniger anmerken lassen als bei den Menschen. Wie denn? Dieser gute Meister hat, Sein göttliches Herz zu erfreuen, nur die Klöster; Er kommt zu uns, um "auszuruhen", um die ständigen Klagen Seiner Freunde in der Welt zu vergessen; denn auf Erden weint und seufzt man meistens, ohne den Wert des Kreuzes zu erkennen; und jetzt wollen auch Sie noch wie der große Haufen handeln?"[223] Therese bemüht sich, auch während der vorgeschriebenen Geißelungen zu lächeln, in der Absicht: "damit der liebe Gott nicht merkt, wie weh es mir tut."[224] Man wird bei diesen Worten an das Verhalten von Kleinkindern erinnert, die Augen und Gesicht mit den Händen verdecken und dabei meinen, man sehe sie jetzt nicht mehr. "Wenn ich viel leide, wenn mir viel Schmerzliches und Widerwärtiges in den Weg kommt, dann mache ich kein trauriges Gesicht, sondern ich antworte mit einem Lächeln. Anfangs ist mir das nicht immer gelungen; aber jetzt habe ich es mir zur Gewohnheit gemacht, und bin sehr glücklich darüber."[225] Sagt nicht der Herr in der Bergpredigt, daß wir beim Fasten kein finsteres Gesicht machen sollen wie die Heuchler, die sich ein trübseliges Aussehen geben, damit alle merken, daß sie fasten? (vgl. Mt 6,16) Therese hat etwas gefunden, worum viele Menschen sie beneiden müßten: "Mein kleines Mittel besteht darin, immer froh zu sein, immer zu lächeln, ob ich nun falle oder ob ich einen Sieg davontrage."[226] Die Leiden, die Gott schickt, sind nach Therese Zeugnisse Seiner Liebe. Wie undankbar ist es, sie mit einem mürrischen Gesicht zu empfangen. Er soll sich zumindest unseretwegen nicht schämen müssen. "Nachdem Du Jesus unter Tränen zugelächelt hast, wirst Du die Strahlen Seines göttlichen Antlitzes genießen."[227)]

Therese genügt es nicht, den Herrn nur anzulächeln, sie setzt alles daran, auch Ihm ein Lächeln zu entlocken: "Ich will keine andere Freude, als Dich zum Lächeln zu bringen."[228)] "Die großen Heiligen haben zur Verherrlichung Gottes gearbeitet. Ich, die ich nur eine ganz kleine Seele bin, arbeite nur zu Seinem Vergnügen, und ich wäre glücklich, die größten Leiden zu ertragen, wenn ich Ihn - und wäre es ein einziges Mal - bloß zum Lachen bringen könnte."[229)] Dieses ihr Ansinnen will wohl als Versuch gelten, auf die vielen von Gott schon erhaltenen Gnadenerweise zu antworten.

Selbstverständlich will Therese auch ihren Mitschwestern ein Lächeln schenken. Sie hat die Erfahrung gemacht, daß die heiligmäßigen Schwestern am meisten geliebt werden, man sucht ihre Nähe auf und erweist ihnen gern einen Dienst. Die weniger Vollkommenen sind natürlicherweise auch weniger beliebt. Man erweist ihnen zwar die klösterliche Höflichkeit, meidet aber aus Furcht, ihnen vielleicht ein unangenehmes Wort zu sagen, den Umgang mit ihnen. Deshalb faßt sie den Vorsatz: "Ich muß in der Rekreation, während der Redezeit, die Gesellschaft jener Schwestern aufsuchen, die mir am wenigsten angenehm sind, und an diesen verwundeten Seelen das Werk des guten Samariters vollbringen. Ein Wort, ein liebenswürdiges Lächeln genügen oft, um eine traurige Seele aufzuheitern."[230]

Im Hinblick auf Thereses nahen Tod wird sie noch einmal photographiert: "Die Novizinnen schrien auf, als sie sahen, daß ich mein ernstes Gesicht aufgesetzt hatte, anscheinend bin ich sonst freundlicher."[231]

Ihr Lächeln hat wohl mehrere "Schattierungen". Eine entspringt jener edelsten Scham, die jede Preisgabe des Innersten scheut, weil sie in reiner Liebe und lauterer Absicht Gott allein zugewandt sein will. Der ins Gnadenhafte erhobene, naturgegebene Drang nach Selbstbewahrung pflegt das Schweigen, um sich dann mehr dem Liebes- und Freundschaftsgespräch mit Gott öffnen zu können. Um Gott, "der in unzugänglichem Licht wohnt" (1 Tim 6,16), der uns näher ist, als wir uns selbst nahe sein können, zu finden, muß man sich selbst verbergen und das Schweigen und die Einfachheit lieben. Der Schleier des Lächelns soll nun die Braut schmücken, die vom Hohenlied besungen wird als "verschlossener Garten" und "versiegelter Quell". (Hld 4,12) Dieses Lächeln ist nicht nur Tarnkappe, um die Heimlichkeit des Herzens zu hüten, es ist auch Instrument strenger Buße und Selbstüberwindung. Therese will nicht auffallen, noch "interessant" sein, weder die Bewunderung noch das Bedauern der anderen herausfordern. Sie will nicht den neugierigen Blick der Mitschwestern auf sich ziehen, sondern sein wie alle anderen. Auch tut sie, als wäre nichts, als würde ihr nichts fehlen, als ginge es ihr immer gut. Ihre glühende Liebe zu Gott, aber auch Trockenheit und Verlassenheit, unter denen sie leidet, ihr Ringen und Kämpfen verhüllt sie unter dem Schleier des Gewöhnlichen, Alltäglichen und der feinen Anpassung an die anderen. Hat sie das nicht meisterhaft fertiggebracht? Ihr Leben ist so sehr Selbstbeherrschung, bescheidene Zurückhaltung, lächelnde Zufriedenheit, daß man es auch so einschätzt.[232)] Die meisten Mitschwestern halten sie für sehr nett und freundlich, sehr brav und gewissenhaft, doch durchaus für nichts Besonderes: "Ich weiß gar nicht, warum man so viel von der Schwester Therese vom Kinde Jesus spricht; sie tut doch nichts Bemerkenswertes, man sieht sie gar nicht die Tugenden üben, ja man kann nicht einmal sagen, daß sie eine 'gute Nonne' ist."[233)]

Ihr Lächeln ist der Widerschein des göttlichen Lächelns, mit dem sie die Mitmenschen bejaht und alles Schwere gelassen annimmt. Dieses ihr eigentümliche Lächeln ist der schlichte Ausdruck ihrer inneren Schönheit.[234)] Es ist auch "nichts Geringeres als die geheime und unbewußte Vorwegnahme dessen, was die kommende Wirklichkeit als Erfüllung einmal schenkt."[235] "Nach ihrem Tod erstrahlte ihr Gesicht im Glanz der ewigen Seligkeit. Sie hatte ein himmlisches Lächeln, und es fiel mir (Sr. Geneviève) besonders auf, daß von ihren geschlossenen Lidern solch tiefes Leben und Glück ausstrahlte, daß es keinen Tod mehr gab."[236]

"Ein Lächeln
Ein Lächeln kostet nichts, vermag aber viel.
Es bereichert den Empfänger, ohne den Geber ärmer zu machen.
Es dauert nur einen Augenblick, aber die Erinnerung daran kann unsterblich sein.
Niemand ist so reich, daß er darauf verzichten könnte, niemand darbt so sehr, daß er nicht dies Almosen schenken könnte.
Ein Lächeln bedeutet dem Ermatteten Ruhe, der bedrückten Seele Mut und dem trauernden Herzen Trost.
Es ist wahrhaft ein Heilmittel, das die Natur für alle Plagen bereithält.
Und dennoch kann man es weder kaufen noch an sich reißen, denn es erhält seinen Wert erst im Sich-Schenken.
Und wenn dir jemand das Lächeln, das du verdienst, verweigert, sei großzügig: schenke das Deine!
Denn niemandem tut ein Lächeln so not wie jenem, der dem andern keines zu schenken vermag."[237]

"Geschwister Immerfroh"

Erstaunliche Ähnlichkeiten kommen zum Vorschein, wenn man das Leben des Franz von Assisi mit dem Thereses vergleicht; und das, obwohl sieben Jahrhunderte dazwischen liegen. Es würde den Rahmen dieser Arbeit sprengen, wollte man alle möglichen Vergleichspunkte hier anführen, angefangen von der simplicitas (Einfachheit, Einfalt, Offenheit, Aufrichtigkeit) bis zur "Torheit um Christi willen". Nur eine kleine "Kostprobe" soll diese geistige Verwandtschaft verdeutlichen helfen: Denken wir an die Belehrung, die Franziskus dem Bruder Leo gibt, als er diesem darlegt, worin die wahre Glückseligkeit besteht, nämlich nicht in dem, was ein Durchschnittschrist erwarten würde. Die wahre Freude besteht demnach darin, von den eigenen Mitbrüdern nicht erkannt, schmählich beschimpft und geschlagen, trotz schlechtester Witterung und großen Hungers nicht in das Haus eingelassen zu werden und dies dennoch geduldig und ohne Murren zu ertragen. Der "gewöhnliche" Christ kann dem Heiligen nicht bis zu dieser höchsten geistigen Wandlung folgen, in der größte Demut und Entäußerung zu größter Freude und Glückseligkeit werden.

Im Umgang mit den Aussätzigen wird ihm, was "bitter schien, in Süßigkeit der Seele und des Leibes verwandelt."[238] In der Bitternis des Verzichtens und Überwindens kann volle und ungeahnte Freude aufbrechen. Es ist dies ein Abbild des tiefen christlichen Ineinanders von schwerem Leiden und jubelndem Erlöstsein.

Bemerkenswert sind die scheinbaren Gegensätze und Spannungen, die in den Persönlichkeitsstrukturen dieser beiden Heiligen zu finden sind. Der Franziskus-Biograph Wendelborn schreibt: "Er wußte sich anderen Menschen gut anzupassen, gleichzeitig zeichnet ihn eine schroffe Wahrheitsliebe aus ... Neben den kindlichen, milden und weichen Zügen stand eine bewunderswerte Energie, die man dem schwächlichen Körper nicht zugetraut hätte. Franz verfolgte sein grundlegendes Ziel mit erstaunlicher Sicherheit und Hartnäckigkeit, ja er scheute den Heroismus nicht."[239] Zur Gegenüberstellung sei dazu der Theresien-Biograph Gaucher zitiert: "Die Liebe zum Kleinen und der Sinn für das Große, kindliche Unbefangenheit und Erfahrung einer reifen Frau, Liebe zur Natur und Sehnsucht nach dem Himmel, ein 'engelhaftes' Wesen und der im normannischen Erbe wurzelnde sichere Sinn für die Wirklichkeit, kühne Hoffnung, gepaart mit sehr menschlichen Ängsten, Heroismus im Alltag - alle diese Gegensätze verbinden sich in Therese." Sie bestätigt das sogar mit ihren eigenen Worten, wenn sie sagt: "Was für Gegensätze finden sich doch in meinem Charakter vereint!"[240] Vielleicht ist das sogar ein besonderes Merkmal großer Heiligkeit, das Kindliche und Kleine mit dem Kühnen und Großen in sich zu vereinigen.

Franz nennt "sich und die Seinen Minderbrüder, das heißt die Kleinen ... Ähnlich wie bei ihm wurde auch bei Therese die Vorliebe für das Kleine und Unbedeutende verniedlicht und verkitscht, so daß ihre Sendung in ein falsches Licht geriet. Wohl ahnte man das Echte, aber alles versank unter einer einseitigen Schminke und Retouche."[241]

Die "Torheit um Christi willen" soll hier noch Erwähnung finden. Der Heilige aus Assisi bekennt einmal vor den zum Generalkapitel versammelten Brüdern: "Und der Herr sagte zu mir, daß ich ein Tor sein soll in dieser Welt; Er wollte uns keinen anderen Weg als den Weg dieser Weisheit führen."[242] Franz wurde wirklich zum "Narren um Jesu willen". Wie sonst könnte man es erklären, wenn er Aussätzige küßt, den Tieren und Blumen predigt, Felsen, Bäche, Feuer und vieles mehr auffordert, Gott zu lieben und Ihm freundlichen Herzens zu gehorchen. Oberflächlich betrachtet, könnte man es als eine geistige Verirrung oder als etwas Krankhaftes abtun. Doch forscht man tiefer, so wird man, wie auch bei Therese, den Überschwang der Liebe, der sich so ungern limitieren läßt, dafür verantwortlich machen müssen.

Nicht wenige Worte und Taten dieser beiden Heiligen klingen unverständlich und hart und für den Menschen des "anständigen Bürgertums" kaum "genieß- und verdaubar". Wer jedoch in der Freiheit der Liebe wandeln will, kommt nicht umhin, auch die härteren Seiten des Evangeliums aufzuschlagen, denn die "Freuden des Fleisches" vertragen sich nur schwer mit den "Freuden des Geistes". Diese Form der "Entäußerung" läßt weder in Franziskus noch in Therese eine Leere zurück, vielmehr kann die Fülle des Lebens in sie einströmen. Keine Spur von Griesgrämigkeit, keine Enge, kein Ansatz von Krampf oder Starrheit sind zu finden. In der herbesten Abtötung sind sie ganz gelöst, voll von überfließender, dankerfüllter Freude. Das Bittere ist ihnen wirklich zur Süßigkeit geworden.[243] Und wenn man Franz den bezeichnenden Titel "Bruder Immerfroh" verliehen hat, so kann man ihm Therese als "Schwester Immerfroh" zur Seite stellen.

"Aus Liebe leben"

Die wahre Berufung: Liebe

"Die Grenze Seiner Liebe ist, daß sie keine hat!"[244]

Seit ihrem dritten Lebensjahr hat Therese Gott nie einen Wunsch verweigert, wie sie selbst bezeugt. Sie ist immer tiefer in eine persönliche Beziehung zum Herrn hineingewachsen. Nichts anderes ist ihr so wichtig wie diese Liebe, die ihr ganzes Leben so bestimmend prägt, sie ist gleichsam der Schlußstein, der ihren "kleinen Weg" zusammenhält, von dem alle Freude und Fröhlichkeit ihren Ausgang nimmt.

Therese gibt sich nie mit Halbheiten zufrieden, auch nicht mit einer halbherzigen Liebe. Als Kind sagt sie einmal: "Ich wähle alles." Auch über ihre Berufung denkt sie so. Am liebsten möchte sie alle Berufungen in sich vereinen. Aber welche ist wirklich die ihre? Wie immer will sie die Antwort in der Heiligen Schrift finden. Sie schlägt das zwölfte und dreizehnte Kapitel des ersten Korintherbriefes auf. Was sie da liest, müßte sie eigentlich entmutigen: "Sind etwa alle Apostel, alle Propheten, alle Lehrer?" (1 Kor 12,29) Doch sie sucht weiter, und das dreizehnte Kapitel bringt ihr Klarheit: "Endlich hatte ich meine Ruhe gefunden ... Die Liebe gab mir den Schlüssel zu meiner Berufung. Ich begriff, daß, wenn die Kirche einen aus verschiedenen Gliedern bestehenden Leib hat, ihr auch das notwendigste, das edelste von allen nicht fehlt; ich begriff, daß die Kirche ein Herz hat, und daß dieses Herz von Liebe brennt. Ich erkannte, daß die Liebe allein die Glieder der Kirche in Tätigkeit setzt. Und würde die Liebe erlöschen, so würden die Apostel das Evangelium nicht mehr verkünden, die Märtyrer sich weigern, ihr Blut zu vergießen ... Ich begriff, daß die Liebe alle Berufungen in sich schließt, daß die Liebe alles ist, daß sie alle Zeiten und Orte umspannt ... mit einem Wort, daß sie ewig ist! ... Da rief ich im Übermaß meiner überschäumenden Freude: O Jesus, meine Liebe ... endlich habe ich meine Berufung gefunden, und diesen Platz, den hast Du mein Gott mir geschenkt ... Im Herzen der Kirche, meiner Mutter, werde ich die Liebe sein ... so werde ich alles sein ... so wird mein Traum Wirklichkeit werden!" Die Bezeichnung "überschäumende Freude" scheint ihr dabei doch unpassend: "Nein, dieser Ausdruck ist nicht richtig; es ist vielmehr der ruhige und heitere Friede des Schiffers beim Anblick des Leuchtturms, der ihn zum Hafen führen soll."[245)]

Therese weiß sich als ein schwaches und ohnmächtiges Kind, aber gerade ihre "Ohnmacht" verleiht ihr großen Wagemut. Als "Kind des Lichtes" (vgl. Joh 12,36) begreift Therese, daß ihre Sehnsüchte, alles zu sein, alle Berufungen zu umfassen, Reichtümer sind, die sie "wohl ungerecht machen könnten". Sie sagt dazu: "Da bediente ich mich ihrer, um mir Freunde zu schaffen." Dabei entsinnt sie sich der Bitte des Elischa an seinen geistlichen Vater Elias um "seinen doppelten Geist" (vgl.

2 Kön 2,9), tritt im Geist vor die Engel und Heiligen mit der Bitte: "Ich weiß, sie ist kühn, doch ich wage zu bitten: Erlangt mir eure doppelte Liebe." Dann wendet sie sich - gleichsam entschuldigend - dem Herrn zu: "Jesus, ich kann meine Bitte nicht völlig begründen; ich müßte fürchten, vom Gewicht meiner kühnen Wünsche erdrückt zu werden ... Meine Entschuldigung ist, daß ich ein Kind bin, Kinder überlegen die Tragweite ihrer Worte nicht; haben ihre Eltern königliche Würde und besitzen sie unermeßliche Schätze, dann zögern sie nicht, die Wünsche der kleinen Wesen zu erfüllen, die sie mehr lieben als sich selbst. Um ihnen Freude zu machen, begehen sie Torheiten und lassen sich sogar zur Schwachheit verleiten."[246] Die Lehrmeisterin des "kleinen Weges" kennt kein anderes Mittel, um zur Vollkommenheit zu gelangen, als die Liebe, für die ja die Herzen geschaffen sind.[247]

Die "bräutliche" Liebe

In einem Brief an Sr. Agnes bezeichnet sich Therese - vier Tage vor ihrer Profeß - als "arme kleine Verlobte Jesu", die einer irdischen Verlobten nicht gleich sein will: "Meine Seele ist noch immer in dem unterirdischen Gang, aber sie ist dort sehr glücklich, ja, glücklich darüber, keinerlei Trost zu haben. Ich finde ja, daß ihre Liebe dann der Liebe irdischer Bräute nicht gleich ist, die ständig auf die Hände ihres Verlobten schauen, ob er ihnen nicht irgendwelche Geschenke mitbringt, oder auf sein Gesicht blicken, um ein Liebeslächeln zu entdecken, das sie entzückt."[248)] Sie will Jesus "allein Seinetwegen" lieben, denn Er duldet nicht, daß sie sich an irgend etwas Geschaffenem festhält: "Er weiß genau, gäbe Er mir nur einen Schatten von Glück, so würde ich mich mit aller Energie, mit der ganzen Kraft meines Herzens daran hängen. Diesen Schatten verweigert Er mir. Er läßt mich lieber im Dunkeln, als daß Er mir ein falsches Licht gibt, das nicht Er wäre! ... Da ich kein einziges Geschöpf zu finden vermag, das mich zufriedenstellt, will ich Jesus alles geben." Und wenn sie schreibt: "Ich will dem Geschöpf auch nicht ein Atom meiner Liebe schenken", meint sie damit ihre hingebende und blindvertrauende Liebe, die dem Herrn nicht einmal das Kleinste vorenthalten will. In diese Liebe sind die Menschen natürlich mithineingenommen, aber sie liebt sie nicht unabhängig von Gott, sondern in Seiner alles überstrahlenden Liebesfülle: "Möge Jesus mich immer begreifen lassen, daß Er allein das vollkommene Glück ist, selbst dann, wenn Er abwesend zu sein scheint!" Alles soll für Ihn sein, "selbst wenn ich nichts fühle, was ich Ihm schenken kann. Dann gebe ich Ihm, wie heute abend, dieses Nichts!"[249] "Ich bitte nicht um eine mir fühlbare Liebe, sondern nur um eine, die Er fühlt."[250]

In einem an das "Hohelied" erinnernden Bildvergleich beschreibt Therese ihren Wunsch, den Berggipfel der Liebe zu ersteigen. Es bieten sich dafür viele Wege an, wie sollte sie da erkennen, welcher der beste ist? Sie wendet sich daher an ihren göttlichen "Bergführer": "'Du weißt, wohin ich gehen will, Du weißt, für wen ich den Berg ersteigen will, ... Führe mich also auf den Wegen, die Er gerne geht. Wenn nur Er zufrieden ist, dann bin ich vollauf glücklich. Da nahm Jesus mich bei der Hand: Er läßt mich in einen unterirdischen Gang eintreten, ... wo ich nur gedämpftes Licht sehe, das Licht, das die gesenkten Augen im Antlitz meines Verlobten ausstrahlen! ... Nichts sagt mein Verlobter zu mir, und nichts sage ich zu Ihm, außer daß ich Ihn mehr liebe als mich selbst. Und im Grunde meines Herzens spüre ich, daß das wahr ist, denn ich gehöre mehr Ihm als mir! ... Ich sehe nicht, daß wir zur Bergspitze voranschreiten, weil unsere Reise unterirdisch vor sich geht, und dennoch scheint es mir, daß wir uns ihr nähern, ohne zu wissen, wie: Der Weg, dem ich folge, hat keinerlei Trost für mich, und dennoch bringt er mir allen Trost, weil Jesus ihn ausgewählt hat und ich das Verlangen habe, Ihn allein zu trösten, Ihn allein!"[251]

Alles, was nicht Er ist, tritt zurück und wird aus den Augen verloren. Es ist eine Liebe, "die blind macht". In blindem Vertrauen überläßt sie sich der göttlichen Obhut, was immer auch kommen mag.

Jesus lehrt Therese auf der "Spielbank der Liebe" zu spielen, oder exakter gesagt: "Er spielt für sie, ohne ihr zu sagen, wie Er das macht, denn das ist Seine und nicht Thereses Sache. Ihr kommt es zu, sich Ihm zu überlassen, sich vorbehaltlos auszuliefern ohne die Freude, zu wissen, was ihr die "Spielbank" einbringt." Wie könnte es anders sein, als daß ein hoher Gewinn erzielt wird, wenn der Herr selbst den Einsatz leistet. Nur eines ist bei dieser Spielbank nötig: Das völlige Überlassen der eigenen Person. Therese vergleicht sich mit dem Bruder des "verlorenen Sohnes" (vgl. Lk 15,11ff): "So ist es nicht der Mühe wert, daß Jesus ihr ein Freudenmahl bereitet, 'weil sie immer bei Ihm ist'".[252] "Wie der Vater des verlorenen Sohnes zu seinem Ältesten, so sprichst Du zu mir: 'Alles, was mein ist, ist dein.'" "Ist es vielleicht Vermessenheit? Doch nein! Seit langem hast Du mir erlaubt, Dir gegenüber kühn zu sein." Diese so wagemutigen Worte will sie keinesfalls falsch verstanden wissen: "Dafür bin ich zum Glück noch nicht hoffärtig genug!"[253] "Er wird sich deshalb nicht verletzt fühlen, denn ich bin ja Seine kleine Braut, und infolgedessen gehören Seine

Schätze mir."[254]

Therese geht in ihrer Verwegenheit oft reichlich weit, da sie weiß, daß sie bei Gott keine "Fremde" ist. Einmal als Kind und ein andermal als Braut gehört sie ja zum "engsten Familienkreis". In Anspielung auf die Verschiebung ihrer Profeß verwendet sie die kekken Worte: "Ihm wird es schneller leid tun, mich warten zu lassen, als mir, Ihn zu erwarten!"[255] Kurze Zeit nach der Profeß findet die Vermählung ihrer Kusine statt. Von deren Hochzeitsanzeige inspiriert, will sie es ihr gleich tun und verfaßt im nachhinein scherzhalber für ihre "Hochzeit" auch ein Einladungsschreiben. In ähnlicher Weise stellt sie eine "Vermählungsurkunde von Jesus und Céline" aus; und auf Wunsch von Céline schildert sie ausführlich, in naiven und kindlichen Bildern, die ganz dem Geschmack ihrer Schwester entsprechen, das Familienfest, das am Profeßtag im Himmel stattfindet.[256]

Therese weist Jesus als den Schwächeren aus, weil Er die größere Liebe hat und darum der Gefangene dieser Liebe ist. "Wir, die wir unter dem Gesetz der Liebe leben, wie sollten wir uns dieses liebevolle Entgegenkommen unseres Bräutigams nicht zunutze machen ... Wie sollten wir den fürchten, der sich von einem Haar, das um unseren Hals weht, fesseln läßt! ... Verstehen wir es also, Ihn als Gefangenen festzuhalten, diesen Gott, der um unsere Liebe bettelt. Wenn Er uns sagt, ein Haar könne diese Wunder bewirken, zeigt Er uns, daß es die kleinsten, aus Liebe gesetzten Handlungen sind, die Sein Herz gewinnen." Therese nimmt an: Was für die Haare gilt, das gelte auch für die Freuden: "Wenn unsere Opfer Haare sind, die Jesus fesseln, dann sind es auch unsere Freuden."[257)]

"Jesus ist krank, und man muß sagen, die Krankheit der Liebe wird nur durch Liebe geheilt!"[258)] Therese hat bei diesen Worten das "Lied der Liebe" des Johannes vom Kreuz vor Augen. Allerdings vertauscht sie die Rollen: Im Original ist es die Seele, die krank ist vor Liebe und deren Krankheit "nur durch die Gegenwart und das Angesicht des Geliebten geheilt werden kann."[259)] Bei Therese ist es Jesus, der nach der Liebe seines Geschöpfes "hungert und dürstet".[260)]

Das Feuer der Liebe

"Lassen wir uns von der Sonne seiner Liebe golden färben ... Die Sonne brennt ... Der hl. Franz von Sales sagt: 'Wenn das Feuer der Liebe in einer Seele ist, dann fliegt der ganze Hausrat zum Fenster hinaus' ... Lassen wir nichts, nichts in unserem Herzen außer Jesus!" Therese fordert Celine auf: "Ihr Herz muß eine Feuerstätte sein, an der Jesus sich erwärmen kann!"[261]

Selbst wenn sie alle nur möglichen Sünden und Verbrechen begangen hätte, wäre ihr Vertrauen dennoch ungebrochen: "Diese Massen von Sünden wären wie ein Wassertropfen, den man auf glühende Kohlen fallen läßt." Zur Untermauerung dieser verwegenen Behauptung erzählt sie von einem Wüstenvater, der eine öffentliche Sünderin bekehrt hat; diese folgte dem Heiligen in die Wüste, um ein strenges Büßerleben zu führen. Aber schon in der ersten Nacht der Reise "zersprengte die Gewalt ihrer Liebesreue ihre irdischen Bande und im selben Augenblick sah der Einsiedler, wie die Engel ihre Seele in den Schoß Gottes trugen."[262] "Die Liebe kann ein langes Leben ersetzen. Jesus schaut nicht auf die Zeit, denn im Himmel gibt es keine mehr."[263]

Einer Inspiration folgend, will sich Therese der Barmherzigen Liebe als Ganz-Brandopfer darbringen, um "Gott besser zu lieben". Sie hat von anderen Mitschwestern gehört, die sich der Gerechtigkeit Gottes als Opfer dargebracht haben. Diese Aufopferung schien ihr zu groß und hochherzig. Sie will sich Gott lieber als "Märtyrerin der Liebe" in die Arme werfen: Mit Erlaubnis der Oberin kniet sie am 11. Juni 1895, gemeinsam mit ihrer Schwester Geneviève vor der Statue der "Jungfrau vom Lächeln" und spricht den Weiheakt. Seit ihrem

14. Lebensjahr kennt Therese "stürmische Liebeserhebungen", aber damals nach ihrer Weihe an die Barmherzige Liebe hat sie etwas ganz anderes erfahren dürfen: "Ich begann meinen Kreuzweg zu beten, da wurde ich plötzlich von einer so heftigen Liebe für den lieben Gott ergriffen, daß ich nur sagen kann, es war, als hätte man mich ganz und gar in Feuer getaucht. O! Welch eine Glut und zugleich welch eine Süßigkeit! Ich brannte vor Liebe, und ich fühlte, daß ich diese Glut nicht eine Minute, nicht eine Sekunde länger hätte ertragen können, ohne zu sterben. Damals habe ich verstanden, was die Heiligen von diesen Zuständen sagen, die sie oft erfahren haben. Ich habe das nur ein einziges Mal erfahren und nur einen Augenblick lang; dann bin ich sogleich in meine gewohnte Trockenheit zurückgefallen."[264) Das ist eines ihrer ganz wenigen mystischen Erlebnisse. Es ist für sie wie die Annahmebestätigung für ihr Ganzopfer.

In ihrer letzten Leidenszeit antwortet sie auf die Frage nach dem Paradies: "Ich würde mich sehr freuen, wenn ich dorthin ginge, aber ... ich verlasse mich nicht auf die Krankheit, sie ist eine zu langsame Führerin. Ich verlasse mich nur noch auf die Liebe. Bitten Sie den Gütigen Jesus, daß alle Gebete, die für mich verrichtet werden, das Feuer nähren, das mich verzehren soll."[265)

Hans Urs von Balthasar spricht von einem "Feuer, das um so mehr 'verzehrend' ist, als es nicht Feuer der Gerechtigkeit ist, sondern Feuer der Liebe. Die Heiligen des Herrn sind dazu da, dieses Feuer, das Er auf die Erde geworfen hat, zu schüren und nicht in der Harmlosigkeit eines verbürgerlichten Christentums ersticken zu lassen."[266)]

Die Torheit der Liebe

Wenn Therese von Torheit spricht, so ist diese immer in Verbindung mit ihrer überströmenden Liebe und als deren Ausdruck zu sehen. Das rationale Denken wird in die Schranken verwiesen. Die Liebe führt bei Therese nicht nur zur Freude, sondern auch zur "Torheit". Was auf unser westeuropäisches Gemüt etwas befremdend wirkt, genießt in der Ostkirche hohes Ansehen: Es ist die "Torheit (oder Narrheit) um Christi willen", die auch Therese nicht unbekannt bleibt. Für sie wird auch hierin sicherlich der heilige Paulus Vorbild gewesen sein: "Ich möchte nicht mit einer gewöhnlichen Liebe lieben, sondern so wie die Heiligen, die für Ihn 'Torheiten' begingen. Ach! Wie weit bin ich davon entfernt, ihnen zu gleichen!"[267)] Es macht ihr nichts aus, für verrückt zu gelten. Im Gegenteil, es ist für sie sogar eine Ehre, weil sie sich dabei in guter Gesellschaft weiß. Die Narrheit wird für Therese zu etwas Erstrebenswertem, denn die Liebe treibt sie dazu. Sie schreibt: "Welches Glück, für den zu leiden, der uns bis zur Torheit liebt, und in den Augen der Welt für verrückt zu gelten ... Schließlich sind wir nicht die ersten. Das einzige Vergehen, das Herodes Jesus zum Vorwurf macht, war, daß Er ein Narr sei, und ich denke wie er! ... Ja, es war eine Narrheit, auf die Suche nach armen, kleinen, sterblichen Menschenherzen zu gehen, um in ihnen Seinen Thron aufzurichten. Er, der König der Herrlichkeit, der auf den Cherubim thront ... Er, dessen Gegenwart die Himmel nicht fassen können ... Er, unser Viel-Geliebter, war ein Narr, da Er auf die Erde kam, um sich Sünder zu Freunden zu machen, zu Vertrauten, zu 'Seinesgleichen', Er, der mit den beiden anbetungswürdigen Personen der Dreieinigkeit vollkommen glücklich war! ... Nie können wir für Ihn die Torheiten vollbringen, die Er für uns beging, unsere Handlungen verdienen diesen Namen gar nicht, denn sie sind sehr vernünftig und weit unter dem, was unsere Liebe vollbringen möchte." In diesem Brief wird auch die Welt als närrisch bezeichnet, freilich im ursprünglichen Sinn des Wortes: "Man beurteilt die anderen nach sich selber, und da die Welt närrisch ist, hält sie natürlich auch uns für närrisch!"[268] Therese erfährt Jesus als Den, dessen "Liebe bis zum 'Wahnsinn' geht". Sie führt das auf deren

Maßlosigkeit zurück. "Wie sollte mein Vertrauen Grenzen kennen?"[269]. Wenn sie so die übergroßen Wünsche und Hoffungen kundgibt, dann entschuldigt sie sich im selben Atemzug: "Verzeih mir, Jesus, wenn ich von Sinnen bin."[270] Ihre Liebe läßt sich manchmal zu ungeahnter Begeisterung hinreißen. So möchte sie, um Gott Freude zu bereiten, in die Hölle verstoßen werden, "damit Er an diesem Ort des Fluches auf ewig geliebt werde." Es ist ihr bewußt, daß Ihm dies nicht zur Verherrlichung gereichen könnte, da Er für die Menschen nur das Glück will, "doch wenn man liebt, empfindet man das Bedürfnis, tausend Torheiten zu sagen."[271] Therese denkt über die verschiedenen Berufungen in der Kirche nach und möchte sie am liebsten alle durchleben und durchleiden: "Aber auch da fühle ich wieder, daß mein Traum zur Torheit wird, denn ich könnte mich nicht darauf beschränken, nur eine Art von Marter zu ersehnen ... Um mir genugzutun, bedürfte ich ihrer aller." Abschließend stellt sie dann noch die "kecke" Frage: "O mein Jesus! was antwortest Du nun auf alle meine Torheiten?"[272]

Da auch noch ihre Schwester Celine, als vierte Tochter der Familie Martin, in den Karmel eintritt - und das nicht ohne ihre behutsame geistliche Begleitung - ist Therese überglücklich und bringt das auch dementsprechend zum Ausdruck: "Jetzt habe ich keinen

Wunsch mehr außer dem einen, Jesus bis zur Torheit zu lieben."[273)]

Wenn Frau Martin von "Liebesanfällen" der kleinen Therese schreibt, so könnte man das mit noch mehr Recht von den oben angeführten Worten und Taten sagen. "Wie Shakespeare und Lao-Tse ist auch Therese so feinsinnig und schlicht, daß sie zurückkommt zu Naivität, denn sie kennt den Wert des Törichtseins."[274)]

Gott in der Seele

Der Empfang der heiligen Kommunion ist für Therese "ein Aufgehen ineinander", wie ein "Wassertropfen im weiten Meer sich verliert"[275)]. So kann auch sie ausrufen: "Nicht mehr ich lebe, Jesus lebt in mir!" (vgl. Gal 2,20)[276)] "Nicht um im goldenen Kelch zu verweilen, steigt Er täglich vom Himmel hernieder, sondern um einen anderen Himmel zu finden, der Ihm unendlich viel teurer ist als der erste: den Himmel unserer Seele, nach Seinem Bild geschaffen, den lebendigen Tempel der anbetungswürdigen Dreifaltigkeit!"[277)] Gott ist zwar in allem, was Er geschaffen hat, gegenwärtig: in der belebten und in der unbelebten Natur. Doch "wohnen" kann Er nur "in einem Wesen, das mit der von Gott geschaffenen Natur des Geistes und des freien Willens ausgestattet ist; das also die Möglichkeit hat, sich Gott in Liebe zu öffnen, sich Ihm zuzuwenden in der Sehnsucht, sich mit Ihm zu vereinen."[278]

Jeder Getaufte im Gnadenstand ist "lebendiger Tempel Gottes", weil Jesus Christus, und mit Ihm die Heiligste Dreifaltigkeit, in seiner Seele wohnt. Der Herr selbst gibt uns diese Zusicherung: "'Wenn jemand mich liebt, wird er mein Wort bewahren, und mein Vater wird ihn lieben, und wir werden kommen, und wir werden bei ihm unsere Wohnung nehmen.' (Joh. 14,23) Das Wort Jesu bewahren, das ist die einzige Bedingung für unser Glück."[279] Als Christen sind wir uns dieses "dulcis hospes animae" (dieses süßen Seelengasts)-[280] oft gar nicht bewußt, denn "wir sind selten wirklich bei uns 'zuhause'! Meistens leben wir in der Vergangenheit oder Zukunft und auch bei irgendwelchen Lappalien."[281] Doch Gott, der den Menschen unendlich liebt, will bei ihm sein wie ein Liebender, der sein Leben verschenken möchte und den es zu einem innigen Austausch der Herzen drängt. Gleich Johannes will Er jeden an Seinem Herzen ruhen (vgl. Joh 1,18; 13,25) lassen. Wie taktlos benimmt sich daher eine Seele, die mit ihren Gedanken und Interessen anderswo weilt und dem Herrn höchstens mit halbem Ohr zuhört und mit zerstreutem Herzen zu Ihm spricht. "Er ist in uns - warum suchen wir Ihn anderswo?"[282] Noch stärker als die natürlichen Kräfte des Menschen wirkt Gott durch vielfältige Gnadenanregungen und übernatürliche Erkenntnis im Innersten des Menschen, da "Er Sein Reich in den Seelen aufrichten will."[283)] Man darf nicht vergessen, Gott ist Leben und Liebe. Wenn Er in der Seele gegenwärtig ist, so ist Er da mit Seiner ganzen Liebesfülle zugegen. Es geht von Ihm eine Macht, eine Anziehungskraft, ein Wehen aus. Weil Er die Liebe ist, wirbt Er um jede Seele, ja Er "bettelt" um Liebe, wie es Therese ausdrückt: "Verstehen wir also, Ihn als 'Gefangenen' festzuhalten, diesen Gott, der um unsere Liebe bettelt."[284)] Der Mensch seinerseits verspürt zwar dieses Werben, nur weiß er es oft nicht richtig zu deuten. Er hat ein großes Verlangen nach jenem Leben in sich, das er nicht kennt, von dem er aber fühlt, daß es nicht im sichtbaren Äußeren, sondern im unsichtbaren Inneren zu finden ist. Die Seele sehnt sich nach etwas anderem als nach den Dingen dieser Welt. Das: "Gott allein genügt"[285)] erahnt Therese schon in jungen Jahren, da sie sich immer wieder in die "Zweisamkeit" mit Ihm begibt. Die Gnadenanregungen bedürfen eines geläuterten, bereiten und offenen Herzens. Ein Leben mit Gott wird es erst dann, wenn man mit allem, was man ist und hat, bewußt auf das göttliche Leben hinzielt, alles um der Liebe willen tut, sich anstrengt und müht, um möglichst rasch in die

Arme Gottes zu gelangen, wenn man alles tut, um der Ewigen Liebe zu gefallen: "Das Entscheidende dabei ist allein die Liebe ... Wo aber wird der ewige Vater jetzt am meisten verherrlicht? Dort, wo Er in einer Menschenseele Seinen Sohn wiederfinden kann und Ihm dieses Bild in voller Reinheit entgegenstrahlt. Aber nicht nur dieser Zustand der Vollendung einer Seele, die nicht mehr lebt, weil Christus in ihr Gestalt gewonnen hat (vgl. Gal 2,20), verherrlicht den himmlischen Vater. Auch jede Etappe auf diesem Weg, jedes Näherrücken Seines göttlichen Sohnes und jede Tat der Seele, die dies geschehen läßt." "Die Geschichte einer Seele", die von Gott allmählich ergriffen wird bis hin zur vollkommenen Inbesitznahme durch Ihn, ist keineswegs ein schablonenhaftes, blutleeres, "fades" Leben. Könnte das göttliche Leben überhaupt so ärmlich sein? Zeigt uns nicht gerade Thereses Geschichte mit Gott, daß es ein unvergleichlich schönes, reiches, sogar "abenteuerreiches" Leben ist und alles andere in den Schatten stellt? "Es ist alles nichts im Vergleich zu dem, was sich zwischen Gott und der Seele abspielt. Innerliches Leben ist also 'Leben' im wahrsten und zugleich höchsten Sinn des Wortes!"[286)]

Wenn man auch weiß, daß es dabei nicht auf das Fühlen der Freude oder der Ruhe ankommt, so weiß man doch auch, daß Konsequenz und Wachsamkeit dazugehören, sich vom Sinnenhaften immer mehr weg- und dem Unsichtbaren zuzuwenden.[287)] Um Jesus zu gefallen und zu verdienen, daß Er in ihr Wohnung nimmt[288)], hat Therese keine Mühe und Anstrengung gescheut.

Kelter des Leidens

In Freude und Frieden

Therese weiß sich von Gott "stets als verwöhntes Kind" behandelt. Als Jüngste der Familie genießt sie viel Zuwendung und Liebe und wird dabei dennoch klug erzogen. So ist die Kleine ganz überrascht und vergnügt, da sie von fremden Leuten hört, daß sie "herzig" sei. Das ist die eine Seite ihrer Kindheit; die andere ist die: "Es stimmt, daß sein Kreuz mich von der Wiege an begleitete, aber dieses Kreuz hat mich Jesus leidenschaftlich lieben gelehrt."[289)]

Mit elf Jahren darf Therese die Erstkommunion empfangen. "Seit meiner ersten Kommunion, seit ich Jesus gebeten hatte, für mich allen Trost der Erde in Bitterkeit zu verwandeln, hatte ich ein beständiges Verlangen nach Leiden. Indessen dachte ich nicht daran, daraus meine Freude zu machen; das ist eine Gnade, die mir erst später zuteil geworden ist. Bis dahin war es wie ein unter der Asche verborgener Funke und wie die Blüten eines Baumes, die zu Früchten werden müssen, wenn die Zeit gekommen ist."[290] In ihrem Herzen fühlt sie ein großes Verlangen nach dem Leiden erwachen und zugleich eine innere Gewißheit, daß der Herr zahlreiche Kreuze für sie bereithält: "Da überströmten mich so große Tröstungen, daß ich sie als eine der größten Gnaden meines Lebens betrachte." Das Leiden strahlt für sie eine innere Schönheit aus, die sie anzieht: "Bis dahin hatte ich gelitten, ohne das Leiden zu lieben; aber von diesem Tag an empfand ich eine wahre Liebe dafür. Ich empfand auch das Verlangen, einzig den lieben Gott zu lieben, Freude nur in ihm zu finden."[291]

Therese findet schon wenige Monate nach ihrem Klostereintritt zu einer besonderen Hinwendung an den "leidenden Gottesknecht", der "Andacht zum heiligen Antlitz". Es ist die Zeit, da ihr Vater von einer Geisteskrankheit heimgesucht wird und Lisieux verlassen muß. Therese erhält damals auch die Erlaubnis, ihrem Namen den Zusatz "vom heiligen Antlitz" anzufügen. Das Bild des heiligen Antlitzes mit den gesenkten Augenlidern wird zu ihrem bevorzugten Betrachtungsgegenstand.[292] Mit ihrem Herrn teilt sie das Leid und den Schmerz und erhält auch Frieden und Zuversicht. Erst im Himmel will sie Sein wahres Antlitz mit den geöffneten Augen sehen: "Wie gut hat Unser Herr daran getan, die Augen zu senken, als Er uns Sein Bildnis gab! Denn die Augen sind der Spiegel der Seele, und wenn Er uns Seine Seele geoffenbart hätte, wären wir vor Freude gestorben."[293)] Therese ist noch kein volles Jahr im Karmel, da sie schreibt: "Ich muß die Erde verlassen, alles hienieden ermüdet mich, alles ist mir zur Last ... Ich finde nur eine Freude: jene, für Jesus zu leiden; aber diese nicht fühlbare Freude übersteigt jede Freude!"[294)]

Des öfteren spricht sie von dieser "nicht fühlbaren" Freude. Was ist darunter zu verstehen? Nach dem heiligen Ludwig Maria Grignion von Montfort, der übrigens auf den Monat genau 200 Jahre vor Therese das Licht der Welt erblickt hat, kommt "diese" Freude "aus dem höheren Teil der Seele, der so voll ist von der göttlichen Freude des Heiligen Geistes, daß sie überfließt auf den niedrigeren Teil. So kann der Mensch in einem solchen Augenblick selbst im tiefen Leid ausrufen: 'Meine Seele und mein Leib freuen sich in dem lebendigen Gott:'"[295)] Er unterscheidet drei Arten von Liebe bzw. Kreuzesliebe:

1.) Die Liebe des Gefühls, des "niederen Menschen", oder "Liebe des Fleisches"

2.) Die zweite Art der Kreuzesliebe hat ihre Wurzel in der Vernunft, im "höheren Teil der Seele"; diese Liebe ist ganz geistig. Sie entspringt der Erkenntnis, welches Glück und welche Freude es ist, für Gott zu leiden. Auch ist sie wahrnehmbar, und die Seele schöpft daraus Trost und Kraft. Diese Liebe der Vernunft ist wohl schon weit fortgeschritten, doch gibt es noch eine dritte, vollkommenere Art.

3.) Die Liebe des "Seelengipfels" oder der "Seelenspitze", wie sie die Meister des geistlichen Lebens nennen. Bei dieser Liebe im "reinen Glauben" fühlen weder die Sinne noch die Vernunft die geringste Freude, und trotzdem schätzt und liebt man das auferlegte Leid, auch wenn der "niedrige Mensch" dabei in Aufruhr und Rebellion stöhnt, klagt und Erleichterung sucht. Mit Jesus am Ölberg müht sich der Leidende, sich ganz Gott zu überlassen und zu sagen: "Vater, nicht mein, sondern Dein Wille geschehe!" (Lk 22,42)[296] So kann das schwere Kreuz zu einem sanften Joch werden. (vgl. Mt 11,29f)

Auf diesem spirituellen Hintergrund können Thereses tiefe Worte von der Freude und vom Glück etwas besser verstanden werden: "Das Glück ist nur im Leiden, und zwar im Leiden ohne jeden Trost!"[297] "Leiden wir in Frieden ... Ich gebe zu, daß mir das Wort Friede etwas stark erscheint, aber als ich kürzlich darüber nachdachte, fand ich das Geheimnis des Im-Frieden-Leidens ... Wer Friede sagt, sagt nicht Freude, zumindest nicht fühlbare Freude ... Um in Frieden zu leiden, genügt es, gern das zu wollen, was Jesus will."[298] "Wenn Sie wüßten, wie groß meine Freude darüber ist, keine Freude zu haben, um Jesus Freude zu machen! ... Es ist eine geläuterte Freude, (aber keineswegs fühlbar)."[299] Immer wieder klingt durch: Es ist ein Verzicht auf fühlbare Freude um Jesu willen, um Ihn zu erfreuen und Ihm den untrüglichsten Beweis für die Echtheit der Liebe zu erbringen. Trotz Dunkelheit schimmert auf dem Grund ihrer Seele ein Licht: "Vielleicht, und da stimmt das Lämmchen (Therese) zu, ist diese Dunkelheit vom Licht erhellt, aber trotz allem ist es Dunkelheit ... Sein einziger Trost ist eine Kraft und ein großer Friede, und überdies hofft es so zu sein, wie Jesus will. Das ist seine Freude, denn sonst ist alles Traurigkeit."[300]

Der heilige Ludwig Maria fordert im "Brief an die Freunde des Kreuzes" auf, das Kreuz mit Freude zu tragen, denn es birgt eine siegreiche Kraft in sich: "Ihr werdet darin eine unvergleichliche, berauschende Süßigkeit empfinden ... Seid euch dessen bewußt, daß das wahre irdische Paradies darin besteht, für Christus zu leiden." Alle Heiligen könnten bestätigen, "daß sie niemals einen so köstlichen Genuß empfanden, als wenn sie die größten Qualen erlitten."[301]

Mit Bestimmtheit spricht Therese: "Ich

habe das Glück und die Freude auf der Erde gefunden, aber nur im Leiden, denn ich habe hienieden viel gelitten, das muß man die Seelen wissen lassen."[302] "Im Gegenteil: Leiden, in Verbindung mit Liebe, erscheint mir als das einzig Wünschenswerte in diesem Tal der Tränen."[303] Therese will nicht leiden um des Leidens willen, um etwas Großes zu vollbringen. Immer tut sie es Gott zuliebe und um den Mitmenschen damit zu helfen. Erst wenn das Leid mit der Liebe verbunden, in Liebe getragen wird, kann daraus Freude und Fruchtbarkeit entspringen. Sie streckt ihre Hände dabei nicht nach dem größeren Opfer aus: "Niemals möchte ich den lieben Gott um größere Schmerzen bitten; wenn Er sie vermehrt, so werde ich sie mit Vergnügen und Freude tragen, weil sie von Ihm kommen."[304] "Im Gegenteil: die kleinen Kreuze sind unsere ganze Freude. Sie sind alltäglicher als die schweren Kreuze und bereiten unser Herz, diese dann anzunehmen, wann unser guter Meister es will."[305]

Therese bezieht sich in ihren Schriften mehrmals auf den hl. Paulus und will ihn nachahmen, "der sich mit jenen freute, denen er in der Freude begegnete; freilich weinte er auch mit den Betrübten. (vgl. Röm 12,15)"[306] Seiner Lieblingsgemeinde in Philippi schreibt er: "Wenn auch mein Leben dargebracht wird zusammen mit dem Opfer und Gottesdienst eures Glaubens, freue ich mich dennoch, und ich freue mich mit euch allen." (Phil 2,17) Der Gemeinde in Kolossae gibt er zu verstehen: "Jetzt freue ich mich in den Leiden, die ich für euch ertrage." (Kol 1,24) Noch begeisterter und schwärmerischer klingt es im zweiten Brief an die Korinther: "Trotz all unserer Not bin ich von Trost erfüllt und ströme über von Freude." (2 Kor 7,4) Sich selbst und das apostolische Amt charakterisiert er so: "Uns wird Leid zugefügt, und doch sind wir jederzeit fröhlich." (2 Kor 6,10) Die Freude, die der Völkerapostel hier meint, von der er öfter spricht, ist durch Schwachheit, Armut, Trauer, Verlassenheit, Gefangenschaft und Todesnot nicht getrübt. In höchst seltsamer und scheinbar unbegreiflicher Weise blüht diese Freude in den menschlichen Nöten geradezu erst auf. Sie entsteht unter der bereitwilligen Lebenshingabe des Apostels für die Gemeinden und unter Aufopferung für das Evangelium. In Schmerzen geboren, überstrahlt sie alle Bedrängnisse des Lebens. Von seiten des Menschen ist ein abgrundtiefes Vertrauen erforderlich, "... selbst in den bittersten Leiden fühlt man, daß es Seine milde Hand ist, die schlägt."[307) Paulus drückt diese vertrauensvolle Hingabe so aus: "Leben wir, so leben wir dem Herrn, sterben wir, so sterben wir dem Herrn. Ob wir leben oder ob wir sterben, wir gehören dem Herrn." (Röm 14,8)

"Nacht des Glaubens"

Für Therese ist der Glaube "Quell der einzig reinen und wahren Freude." Seit Ostern 1896 bereitet ihr der so hoffungsvolle Gedanke an den Himmel, der alle Mühsal der "Verbannung" aufwiegt, nur noch "Anlaß zu Kampf und Qual". In dieser Glaubensprüfung bleibt sie nicht einmal von den "Überlegungen der schlimmsten Materialisten" verschont: Sie kann nicht mehr glauben, was sie allein noch kann, ist: "Glaubensakte" zu erwecken und eine "blinde Liebe" üben, Ihn lieben, ohne dabei etwas zu fühlen:[308)] "Ich verdopple meine Zärtlichkeiten, wenn Er sich meinem Glauben entzieht."[309)] Inmitten dieser dunklen "Glaubensnacht" ist sie noch bereit, "bis zum letzten Blutstropfen dafür Zeugnis abzulegen, daß es einen Himmel gibt." "Ich sage Ihm, ich sei froh, diesen schönen Himmel nicht auf Erden zu genießen, damit Er ihn den armen Ungläubigen für die Ewigkeit erschließe. Obwohl mich diese Prüfung jedes fühlbaren Genusses beraubt, vermag ich doch auszurufen: 'Herr, Du überschüttest mich mit Freude durch alles, was Du tust.' Denn gibt es eine größere Freude, als um Deiner Liebe willen zu leiden? ... Je innerlicher das Leiden ist, je weniger es vor den Augen der Geschöpfe in Erscheinung tritt, um so mehr freut es Dich, o mein Gott! Aber selbst wenn Du – was ja unmöglich ist - von meinem Leiden nichts wüßtest, so wäre ich auch dann noch glücklich zu leiden, könnte ich dadurch ein einziges Vergehen gegen den Glauben verhindern oder wiedergutmachen."[310] Von diesem Gedanken ist Therese erfüllt und läßt des öfteren ihre Überzeugung durchklingen, daß den "Gefangenen der Liebe" die fühlbare Gegenwart Gottes entzogen wird, um Tröstungen für die Sünder zu erwirken.[311]

Der Herr selbst ist Therese auch in diese Verlassenheit vorausgegangen. Zuerst am Ölberg und dann am Kreuz: "Mein Gott, mein Gott, warum hast Du mich verlassen?" (Mk 15,34) "Als Mensch wollte auch Er diese entsetzliche, ja unendliche Entfernung 'des Sünders' erfahren und durchlitten haben, der sich ganz und für immer von Gott abgewandt hat, ja abgewandt sein will."[312]

"Äußerlich" wird Therese sogar mit vielen kleinen Aufmerksamkeiten beschenkt, wie zum Zeichen, daß Gott Selber die "Wolke" schickt, in der Er gegenwärtig ist und Seine Anwesenheit doch verbirgt. Er ist der Verborgene und zugleich der Ganz-Nahe. Das ist auch ein Bild für Thereses scheinbar widersprüchliche Existenz.

Der Herr wählt für Seine engsten Freunde denselben Weg, den auch Er gegangen ist: "Die Seelen, die Ihm am liebsten sind, entäußert Er ganz."[313] Therese wertet es als

Zeichen einer bevorzugten Liebe, aus dem Leidenskelch trinken zu dürfen, und in diesem Sich-geliebt-Wissen wird das Leid für sie zu einer Freudenquelle ungeahnten Ausmaßes.

Wenn Therese den Begriff "Freude" im irdischen Sinn verwendet, klingt immer auch: "Kreuz, Leiden usw." mit. Das eine ist nicht ohne das andere zu haben. Nur unter Dornen kann man ja Rosen pflücken. Sie läßt sich ihre bedingungslose Liebe auch etwas kosten, und für den Herrn ist ihr nichts zu teuer. Ihr Leben will sie zu einem beständigen "Martyrium der Liebe" machen.[314)] Noch selten hat jemand die Leidensnachfolge Christi in solch anziehender und charmanter Weise zu üben verstanden.

Der Vollendung zu

Im Jahr 1894 treten bei Therese Anzeichen einer angegriffenen Gesundheit auf. Mehrmals ist sie wegen Bronchitis und Halsentzündungen in ärztlicher Behandlung. Die ersten Anfälle von Blutspucken am 3. und 4. April 1896 werden nur der Mutter Priorin und der Krankenwärterin zur Kenntnis gebracht. Therese verharmlost diese Vorboten einer ernsten Krankheit, fühlt sich aber gleichzeitig in ihrer Vorahnung bestärkt. Schon in den ersten Monaten des darauffolgenden Jahres tritt eine deutliche Verschlechterung ihres

Gesundheitszustandes ein. Am Ende der Fastenzeit wird sie so schwer krank, daß sie trotz all ihrer Energie nach und nach dem Gemeinschaftsleben fernbleiben muß. Im Karmel erregt Thereses Zustand vor allem bei ihren drei leiblichen Schwestern Besorgnis. Mutter Maria von Gonzaga erlaubt es Schwester Agnes, während des Chorgebetes, der Rekreation und immer dann, wenn die Krankenschwestern anderswo beschäftigt sind, Therese zu betreuen. Schwester Agnes nützt dabei auch die Gelegenheit, die bedeutsamen und originellen Aussprüche der Kranken schriftlich festzuhalten, damit sie der Außen- und Nachwelt erhalten bleiben. Um diese Worte, aber auch die dazugehörige Mimik und Gestik besser zu verstehen, muß auch die jeweilige Krankheitsdiagnose mitbedacht werden. Obwohl man von ihren großen Schmerzen weiß, besteht doch die Gefahr, ihr Leiden in einen sanften Glorienschein eingehüllt zu sehen. Das wiederum schiene die Darstellung Epinals zu rechtfertigen: "Eine 'junge Schwindsüchtige' stirbt lächelnd, während sie über einem Kruzifix Rosen entblättert."[315)] Das aber wäre eine grobe Verfälschung der Wirklichkeit: Therese vom Kinde Jesus und vom Heiligen Antlitz durchleidet ein wahres Martyrium, in dem Phasen von "Schmerzen zum Schreien" und solche einer scheinbaren Besserung einander abwechseln.[316)] All das muß mitbedacht werden, wenn man sich an ihre Heiterkeit in der Leidenszeit heranwagt, soll sie dabei nicht in einem falschen Licht dargestellt werden.

Therese bewahrt sich bis zum Lebensende ihr kindliches, reizendes Wesen, das den Umgang mit ihr so angenehm macht. Jede Mitschwester sieht und hört sie gerne. Ihre liebenswürdige Fröhlichkeit scheint mit dem Leiden sogar noch zu wachsen. Ihre außergewöhnliche innere Kraft und ihre Liebe zu den Schwestern wird immer deutlicher. Sie will von ihrem und der anderen Schmerz ablenken.[317)] Von schwersten Leiden geplagt, zeigt die Kranke eine erstaunliche Heiterkeit. Fast ständig hat sie Scherze, Wortspiele und Possen aller Art im Sinn. Dadurch gelingt es ihr, diejenigen, die ihren nahen Tod beklagen, zum Lachen zu bringen. Sie will keine traurig-betrübte Stimmung um sich herum aufkommen lassen. Von hundert ihrer aufgezeichneten Worte beziehen sich etwa zehn auf solche "Spielereien". "So war sie immer fröhlich, trotz ihrer großen seelischen und körperlichen Leiden."[318)]

Als Schwester Agnes im Jahre 1926 die Herausgabe der "Novissima Verba" vorbereitet und dabei nicht alles veröffentlichen will, hat das seinen Grund: Wie sollten die Verehrer Thereses es verstehen, daß eine Heilige, die schwerkrank im Sterben liegt, noch so viel

Sinn für Humor und Scherze hat? Würden sich die sogenannten "ernsthaften" Leute nicht abgestoßen fühlen? Und wären die großen Leiden ihrer Schwester durch so viel Spiel und Gelächter nicht irgendwie zu kurz gekommen? Das sind verständliche Bedenken, denn Kritiker haben schon früher die Heiligkeit der Verfasserin der "Geschichte einer Seele" als allzu "blumig" bezeichnet. Was würden sie erst sagen, wenn sie "diese liebe kleine Kranke mit dem schelmischen Blick" sehen könnten, die jeden "zum Lachen bringt!" Möglicherweise käme ihnen all das recht närrisch vor. Und doch, ohne ihre Fröhlichkeit, ihren Humor, ihre Freude erscheint ihr eigentliches Wesen unvollständig, nicht ganz wahr.[319)]

Die "Letzten Gespräche", die nun in unverkürzter Form vorliegen, zeigen schließlich ein mit unerwarteter Schlagfertigkeit begabtes "Menschenkind", das sogar in tragischen Situationen zum Spaßen aufgelegt ist. "Eine solche Heilige durchbricht leichten Herzens die offiziellen Regeln einer strengen und ernsten Heiligkeit, und das sollte gerade denen nicht unbedingt mißfallen, die sich durch ihre unwirschen Mienen oftmals selbst von den Quellen lebendigen Wassers ausgeschlossen haben."[320)]

Im Rückblick auf Sr. Thereses Leben, von der Kindheit bis zum Beginn ihrer Passion, ist eine Art Gegensätzlichkeit, ein Miteinander von Frohsinn, lächelnder Liebenswürdigkeit und tiefem Ernst, sowie ein Gefühl für das Vergängliche deutlich zu erkennen. Letzteres zeigt sich schon nach dem frühen Tod der Mutter. Neben dem sonnigen Gemüt des heranwachsenden Kindes offenbart sich ein starkes Gespür für die "Vergänglichkeit alles Irdischen"; sie meint, auf Erden "wie in der Verbannung" zu leben, trotzdem bleibt ihr tiefstes Wesen auch weiterhin von Frohsinn, Begeisterungsfähigkeit, ja freundlichem "Übermut" mitgeprägt. Die Briefe von "Fräulein Martin" sprechen von herzlichem Lachen, von Liedern und Späßen. Sie konnte die Erinnerung an die unbeschwerten Freuden der Kindertage in ihrem Innersten bis zuletzt bewahren. Während sich die Zwölfjährige in einer Krise mit ihren Skrupeln plagt, kann ihre Tante in einem Brief feststellen: "Therese und Marie haben viel Spaß miteinander. Therese ist ganz reizend in ihrer Fröhlichkeit. Mama sagte mir gestern, sie habe Therese noch niemals so froh und ihr Gesicht so restlos glücklich gesehen."[321] Die 15jährige bleibt auf der Italienreise, auch nach ihrem "Mißerfolg" beim Papst, voller Leben und Munterkeit, sodaß übelgelaunte Pilger sich über sie beklagen. So fehlt es den Briefen und anderen Niederschriften nicht an einer gewissen "Würze". Sie verfügt über ein ungeahntes Nachahmungstalent für Personen und Situationen, das entarten hätte können, wenn die Menschenliebe ihr nicht Mäßigung und Einhalt geboten hätte. Bei der Rekreation im Kloster langweilen sich die Schwestern, wenn Therese einmal an der Teilnahme verhindert ist. So finden wir sie auch auf dem Krankenlager wieder.

In ihren "Letzten Gesprächen" ist die Abstufung der zum Lachen reizenden Laute und Gebärden recht reichhaltig, und es wäre nicht ganz leicht, wollte man in die vielfachen Äußerungen der Fröhlichkeit eine gewisse Ordnung bringen. Von klein auf liebt sie Wortspiele, da schon ihr Vater in den "Buissonnets" so manchen heiteren Abend damit gestaltet hat. Auch als Kranke verzichtet sie auf dieses väterliche Erbe nicht. Es ist erstaunlich, mit welcher Schlagfertigkeit und Leichtigkeit die Schwerkranke reagiert. Schwester Geneviève notiert: "Mitten in einem Gespräch überfiel mich der Gedanke an ihren Tod und ich rief: – 'Ich werde ohne Sie nicht leben können!' (sie = elle; ailes = Flügel) – 'Sie haben ganz recht', entgegnete sie lebhaft, 'deshalb werde ich Ihnen zwei (Flügel) bringen ...'"[322] Diese Art von Situationskomik spielt sich im Krankenzimmer recht häufig ab. Um die Sorgen der Schwestern zu lindern, versteht es Therese, eine traurige Bemerkung in ein Lächeln oder Lachen zu verwandeln. Man bedenke, daß eine solche Haltung nicht von ungefähr kommt. Im Ertragen schwerster Leiden könnte oin Mensch mit wenig Sinn für Humor und Wortspielereien nicht solche Gelegenheiten wahrnehmen, so sehr er es auch wünschte, seine Umgebung zu erheitern. Viele ihrer Wortspiele sind überliefert. Zum Beispiel vertauscht sie "agonister" (mit dem Tod kämpfen) mit "agonier" (mit Grobheiten überhäufen).[323] Dank ihrer Sprachbegabung schreckt sie auch nicht vor Wortneuschöpfungen, veralteten Ausdrücken und der Umgangssprache zurück. Einmal spielt sie im Krankenzimmer ihren Schwestern unter Verwendung eines bekannten Akzents eine kleine ländliche Komödie vor, die von einem Wasserglas handelt: "Sobald ich etwas trinke, passiert mir das. (Sie hustet und sagt zu ihrem Glas Mundwasser): Das ist nicht zum Trinken! Abgewandt: - Es versteht nicht! - Lauter: Das ist nicht zum Trinken, sage ich dir!"[324]

Seit Pfingsten 1897 muß Therese eine Milchdiät halten, und da sie nun wieder zum "Baby" geworden ist, bedient sie sich natürlich auch der Kleinkindersprache. Eine unnachahmliche Unbefangenheit läßt sie immer wieder neue Worte und Weisen der Zuneigung finden. Obwohl sie sich umsorgen läßt wie ein Kind, verfällt sie nie in ein kindisch-gekünsteltes Wesen. Ob sie ein "bébé" (Baby) sei, wird sie gefragt. - "Ja, ... aber ein bébé, das schon lange darüber nachdenkt, ein bébé, das ein Greis ist."[325]

Als man ihr von einer Generaloberin erzählt, sagt sie zu Schwester Agnes "in einer plötzlichen Aufwallung ...: Nun ja, Sie sind die Generaloberin meines Herzens!"[326] Für "ihre Mutter" Agnes denkt sie sich einen besonderen Liebesbeweis aus, wie ihn noch keine Schwester erhalten hat: Mit ihrem Fuß streichelt sie das Gesicht ihrer Schwester, die auf einem niedrigen Schemel beim Bettende sitzt.[327]

Ein Priester sollte Therese die Krankensalbung spenden. Doch er weigert sich mit der Begründung, sie sehe nicht "wie eine Sterbende" aus. Nach seinem Weggang zeigt sich die Schwerkranke wenig erfreut: "Das nächste Mal werde ich mir nicht mehr so viel Mühe geben. Aus Höflichkeit hatte ich mich in unserem Bett aufgesetzt, habe 'die Liebenswürdige' gespielt, habe ihm 'den Hof gemacht' - und er verweigert mir, worum ich ihn bitte! Das nächste Mal werde ich schlauer zu Werke gehen. Bevor er kommt, werde ich eine Tasse Milch nehmen, denn danach sehe ich immer viel schlechter aus, werde ihm kaum antworten und sagen, daß ich im Sterben liege."[328] Daraufhin spielt sie den Anwesenden diese Komödie tatsächlich vor. Sie ist sehr unterhaltsam, und dabei sollte sie gar nicht sprechen, um sich nicht zu ermüden. Therese weiß um ihre "Kühnheit", vertraut aber in ihrer reinen Absicht fest auf Gott - der ja weiß, daß sie

Ihm um keinen Preis in der Welt mißfallen wollte.

Ihr angeborener Hang zur Schelmerei läßt sie die Eigenheiten der anderen rasch erfassen. Nicht daß ihre Ironie verletzend wäre, sie betrachtet ihre Umgebung vielmehr mit einem verschmitzten Augenzwinkern. Mehrere Schwestern wollen mit ihr sprechen. Angesichts dieses Gedränges um ihr Bett herum kommentiert sie: "Viele Leute, die etwas zu sagen haben!"[329)]

Beim Anblick der Photos ihrer beiden geistlichen Brüder (Bellière und Roulland) meint sie: "Ich bin hübscher als sie."[330)] Eine Aufnahme, die den seinerzeitigen Seminaristen Bellière als Soldaten zeigt, entlockt ihr den Ausspruch: "Diesem Soldaten da mit seiner unternehmenden Miene gebe ich Ratschläge wie einem kleinen Mädchen! Ich zeige ihm den Weg der Liebe und des Vertrauens."[331)]

Auch die Ärzte mit ihren "wechselhaften" Diagnosen, die eine Besserung erkannt haben wollen, obgleich sie doch unvermindert leidet, verschont sie nicht: "Ich hatte Lust, zu Herrn de Cornière zu sagen: Ich lache, weil Sie mich trotz allem nicht hindern konnten, in den Himmel zu gehen; aber wenn ich dort bin, werde ich Sie zum Dank für Ihre Mühe daran hindern, schon bald hinzukommen."[332)] Anfang September macht sie eine andere lustige Bemerkung, in der zugleich auch ihre Ergebenheit gut zum Ausdruck kommt: "Würde ich gesund werden, so würden mich die Ärzte ganz verblüfft anschauen, und ich würde ihnen sagen: 'Meine Herren, ich bin sehr froh, gesund geworden zu sein, um dem lieben Gott noch länger auf Erden zu dienen, weil es Sein Wille ist. Ich habe gelitten, als würde ich sterben, schön: ich werde noch einmal von vorne anfangen.'"[333)]

Von heftigsten Schmerzen geplagt, fühlt sie sich erleichtert, wenn sie - in regelmäßigen Abständen - kurze Schreie ausstoßen kann - wie: "Agne! Agne!" Dann aber mißfällt ihr dieses Wort: "Jetzt werde ich: Anne! Anne! sagen." Schwester Agnes bemerkt: "Das wird man in Ihren Nachruf schreiben." Die Schwerkranke entgegnet: "Das wird sich ausnehmen wie ein Küchenrezept."[334)]

Im Blick auf ihre abgemagerten Hände meint sie: "Das wird schon Skelett, das ist mir 'erwünscht'."[335)] Dann, "mit fröhlicher verschmitzter Miene: Bald werde ich in den Schrecken des Grabes sein! Und auch Sie werden eines Tages dort sein, Mütterchen! ... Wenn ich Sie neben mir angekommen sehe, 'werden meine zerschlagenen Gebeine vor Freude frohlocken.'"[336)] Zeichen echten Humors, in so drastischer, ernstester Situation, fast wie "Galgenhumor"!

Anfang Juli 1897, da Therese glaubt, daß

der Tod schon nahe sei, wird ihre Freude zunehmend stärker. Der 8. Juli ist für sie geradezu ein Festtag, denn sie wird ins Krankenzimmer verlegt. "Sie war voll überströmender Freude und bemühte sich, uns damit anzustecken: Wenn ich nicht vom Himmel herabkommen darf, um mit Ihnen meine kleinen 'Späßchen' zu machen, werde ich mich in ein Winkelchen stellen und weinen."[337] Von ähnlich überquellender Freude schreibt Therese selbst, da sie am Karfreitag 1896 den ersten Vorboten ihrer Krankheit, das Blutspeien, wahrnimmt: "Ich dachte, ich würde vielleicht sterben, und meine Seele war von Freude überströmt."[338] Schwester Maria von der Eucharistie, Thereses Kusine, schreibt an ihren Vater: "Wenn Du unsere liebe, kleine Kranke sehen würdest, könntest Du nicht umhin zu lachen; immer muß sie etwas Lustiges sagen. Seit sie glaubt, daß sie bald sterben wird, ist sie kreuzfidel. Es gibt Augenblikke, da man dafür bezahlen würde, bei ihr zu sein ... Es war wirklich lustig, ihr Lachen und den schelmischen Blick zu sehen."[339]

Mit Vergnügen beobachtet die Sterbenskranke die letzten Vorbereitungen. So will sie die Kiste mit den künstlichen Blumen sehen, die gerade angekommen ist, um das Totenbett zu schmücken: "Das ist für mich!", sagt sie und kann es kaum glauben, so groß ist ihre Freude. Wenige Tage vor dem Ende befürchtet man, sie werde die Nacht nicht überleben; in einem benachbarten Raum stellt man eine geweihte Kerze und den Weihwasserkessel bereit. Therese äußert den Wunsch, diese Gegenstände in Sichtweite aufzustellen, betrachtet sie und sagt: "Siehst du, diese Kerze wird man mir in die Hand geben, wenn der 'Dieb' kommt (vgl. Mt 24,43) und mich mitnimmt; aber den Kerzenständer soll man mir nicht geben, der ist zu häßlich!" Dann bespricht sie mit den Schwestern alles, was nach ihrem Tod geschehen soll: Sie "ging sehr froh jedes Detail ihrer Bestattung mit uns durch. Sie redete davon mit Worten, über die wir lächeln mußten, während wir hätten weinen wollen. Nicht wir waren es, die sie trösteten, sondern sie richtete uns wieder auf."[340)]

Da die Mitschwestern Therese ihren Kummer klagen, mahnt sie: "Bei den Kranken muß man fröhlich sein."[341)] Was den Schwestern nicht gelingt, praktiziert sie stellvertretend, sodaß manche an ihrer Aufrichtigkeit zweifeln: "Sicher ist all diese Fröhlichkeit nicht aufrichtig, Sie leiden zu sehr an Leib und Seele." Lächelnd entgegnet sie: "'Ich täusche nie etwas vor', ich bin nicht wie die Frau des Jerobeam[342)]."[343)] Die starke Willensanstrengung, die sie zu dieser heroischen Fröhlichkeit fähig macht, will sie jedoch nicht verleugnen: "Ja, das ist wohl wahr! Ja, wenn ich kann, tue ich mein möglichstes, um fröhlich zu sein, um

Freude zu machen."[344]

Therese bewahrt sich bis zum Ende des Lebens das "kindlich-reizende" Wesen, das ihre Gegenwart so begehrenswert und aufbauend macht. In dem Maß, wie ihr Leiden zunimmt, wächst auch ihre liebenswürdige Heiterkeit; sie stellt damit ihre außergewöhnliche Seelenstärke unter Beweis, wie sie diese in jungen Jahren nicht immer besessen hat.[345]

Die Sterbenskranke will mit Jesus eins sein, auch im letzten Leiden: "Unser Herr ist in Todesängsten am Kreuz gestorben, und doch war es der schönste Liebestod ... Aus Liebe sterben bedeutet nicht in Verzückung sterben. Offen gestanden, ich glaube, das ist es, was ich erlebe."[346] Wie groß muß ihr Schmerz, verursacht durch eine Lungentuberkulose, die eine Erkrankung des Darms und einen Gewebebrand nach sich zog, wohl gewesen sein! Im September leidet sie oft so sehr, daß man sie nicht einmal anrühren darf, ohne ihr zusätzliche Schmerzen zu verursachen. Mit großer Nüchternheit bezeugen die Aufzeichnungen der Mitschwestern, daß Therese ihren "kleinen Weg" gut zu Ende gegangen ist, nicht in stoisch-ruhiger Haltung, sondern in liebend-vertrauender Hingabe an den Herrn, den "leidenden Gottesknecht". Der Todeskampf ist furchtbar: "reine Agonie ohne jeden Trost", in dem auch Verzweiflungsschreie nicht fehlen, dennoch bereut sie es in jener Stunde nicht, sich "der Liebe ausgeliefert zu haben". Ihr unglaubliches Leiden kann sie sich nur aus ihrem "glühenden Verlangen erklären, Seelen zu retten." Ihre allerletzten Worte: "Mein Gott! ... Ich liebe Dich!", ihr Blick "nach oben, strahlend in Frieden und Freude"[347)] schließen ihr Leben wie ein Siegel ab.

Diese letzten Monate Thereses – wie könnten sie anders verstanden werden als ein einziges "von der göttlichen Gnade Gehaltensein"? Gott allein vermag dem Menschen auch noch in äußersten Nöten den "Humor" zu bewahren, in dessen tiefster Bedeutung: in der Armut und Freiheit, in der vollkommenen Liebe.

ANHANG 1

Gottesliebe - Urquell der Freude

Jesus verheißt Seinen Jüngern den "anderen Beistand", den "Geist der Wahrheit." (vgl. Joh 14,16f) Dieser Heilige Geist, der vom Vater und vom Sohn ausgeht, deren gegenseitige Liebe Er ist, wird dem bereitwilligen Herzen mitgeteilt und "erweckt darin ein Gebet voll kindlichen Vertrauens, das aus der innersten Tiefe der Seele emporsteigt."[348)]

Woher stammt Thereses Freude, die von äußerem Wohlbefinden und von Gefühlen so unabhängig ist? Geht sie nicht aus der Liebe hervor, die von den täglich schwankenden Hoch- und Mißstimmungen ebenso unabhängig ist? "'Wer in der Liebe bleibt, bleibt in Gott, und Gott bleibt in ihm.' (1 Joh 4,16) Also wird die geistige Freude, die wir an Gott haben, aus der Gottesminne (Caritas) geboren."[349)] Für Thomas von Aquin bürgt der Urheber dieser Freude dafür, daß es sich dabei nicht um irgendeine Freude handelt, sondern um eine heilige und übernatürliche, die wie die Liebe den Gnadenstand voraussetzt. Erst mit dieser höchsten Form der Freude vollendet sich die Ebenbildlichkeit des Menschengeistes mit dem Heiligen Geist.[350)] Wie Thomas im Anschluß an Augustinus ausführt, ist der Heilige Geist Selbst im innertrinitarischen Leben gleichsam die Freude des Vaters und des Sohnes, mit dem Sie Sich gegenseitig durchdringen und genießen.[351)] In Gott ist diese Freude, mit der Er das Ja zu Sich Selber spricht, unendlich, wie eben alles bei Ihm. Im Vergleich dazu bleibt die Freude im Menschen unendlich weit zurück. Doch werden wir im Johannesevangelium dazu ermutigt, die "vollkommene Freude" anzustreben: "Wenn ihr meine Gebote haltet, werdet ihr in meiner Liebe bleiben, so wie ich die Gebote meines Vaters gehalten habe und in Seiner Liebe bleibe. Dies habe ich zu euch gesagt, damit meine Freude in euch ist und damit eure Freude vollkommen wird." (Joh 15,10ff) Freilich muß auch die Freude wachsen, und Geduld ist dabei erforderlich, doch wird sie in dem Maße wachsen, wie die Liebe wächst. Es gilt für das Wachstum der Freude, was vom Wachstum der Liebe gesagt ist, denn "wer kärglich sät, wird auch kärglich ernten." (2 Kor 9,6) Therese kann als Beispiel dafür gelten, daß, "wer reichlich sät, auch reichlich ernten wird."

Die vollkommene Freude oder die "Überfülle" der Freude kann erst erreicht werden, wenn der Mensch am Ziel angelangt und die Verbindung mit Gott für immer besiegelt ist. "Daher ist die Freude der Seligen voll und übervoll, denn sie werden mehr erhalten, als sie überhaupt je ersehnen konnten: ... 'in keines Menschenherzens Ahnung ist es aufgestiegen, was Gott denen bereitet hat, die Ihn lieben' (1 Kor 2,9) ... Weil aber kein Geschöpf einer Freude fähig ist, die Gottes ganz würdig wäre, kommt es, daß diese ganz volle Freude vom Menschen nicht zu fassen ist; der Mensch geht vielmehr in sie ein: 'Gehe ein in die Freude Deines Herrn.' (Mt 25,21.23)"[352]

Thomas unterscheidet schließlich noch die Freude an Gott von der Freude darüber, daß wir Ihn "besitzen und genießen" dürfen. Dabei räumt er der ersteren den Vorrang ein, denn der Heiland preist jene "selig, die nicht sehen und doch glauben." (Joh 20,29) "So ist denn die Freude keine von der Gottesliebe unterschiedene Tugend, sondern ist Akt oder Wirkung der Gottesliebe."[353] Die Freude ist die stille Begleiterin der Tugend. Und der Weg zur wahren Freude führt nur über die Tugend. Die Freude ist für den heiligen Thomas das sicherste Zeichen, daß bereits Tugend vorhanden ist. Nur die Tugend verhilft der Freude zur Dauer und hebt sie über die Unbeständigkeit einer bloßen Stimmung oder Laune hinaus. Wenn die Gottesliebe die "Tugend aller Tugenden" ist, ohne die keine andere Bestand haben kann, so muß die Freude, die aus ihr erfließt, die Freude aller Freuden sein. Denn die Liebe vereint uns mit dem, dessen ganzes Wesen Freude und Seligkeit ist.[354]

"Die Frucht des Geistes aber ist Liebe,

Freude, Friede, Langmut, Freundlichkeit, Güte, Treue, Sanftmut und Selbstbeherrschung." (Gal 5,22) So weist der Apostel Paulus die Liebe und die Freude als Frucht des Geistes aus. Der Heilige Geist wird somit zur "Ursache" der Gottesliebe und der Freude im Menschen. Dazu sagt Mutter Teresa von Kalkutta: "Die Freude ist wirklich die Frucht des Heiligen Geistes und ein klares Zeichen, daß Gottes Reich in uns ist."[355)]

Vom heiligen Seraphim von Sarow, einem Heiligen der Ostkirche, ist ein Gespräch erhalten, in dem diese Freude vom und im Heiligen Geist als wirklich gefühlte beschrieben wird. Seraphim antwortet dabei seinem Freund Nikolaus Motowilow auf die Fragen nach dem Sinn des christlichen Lebens. Im Verlaufe des Lehrgesprächs wird beiden die Gnade gewährt, mit ihren Sinnen die Anwesenheit des Heiligen Geistes wahrzunehmen. Neben einer unbeschreiblichen Wärme, einem besonderen Wohlgeruch sind es der innere Friede und die Freude, die sie "verkosten" dürfen. Herr Motowilow beschreibt es so: "Ich fühle eine Stille und einen Frieden in meiner Seele, die ich mit keinem Wort ausdrücken kann." Vater Seraphim erklärt: "Das ist der Friede, von dem der Herr gesagt hat: 'Den Frieden hinterlasse ich euch. Meinen Frieden gebe ich euch. Nicht wie ihn die Welt gibt,' (Joh 14,27) ... den Frieden, der nach den Worten des Apostels 'alles

Begreifen übersteigt' (Phil 4,7)." Weiters fühlt er "eine unaussprechliche Freude, die sein ganzes Herz erfüllt." – "Wenn der Geist Gottes in eine Seele herabsteigt und sie mit Seiner Fülle durchdringt, verspürt sie unaussprechliche Freude, denn Er bringt Freude hervor in allem, was Er berührt. Aber diese Freude, die Ihr jetzt fühlt, ist dennoch nichts im Vergleich zu der, von der der Herr durch den Mund seines Apostels sagt: 'Was kein Auge gesehen und kein Ohr gehört und was in keines Menschen Herz gedrungen ist, hat Gott denen bereitet, die Ihn lieben.' (1 Kor 2,9) Die Erstlinge dieser Freude sind uns schon gegeben, und wenn unserer Seele durch sie alles so süß und freudvoll erscheint, was soll man erst von der Freude sagen, die im Himmel denen bereitet ist, die auf Erden weinen?"[356)]

Der heilige Seraphim bestätigt auch Thereses Auffassung vom Reich Gottes, wonach es im Herzen des einzelnen Menschen grundgelegt ist: "Der Herr hat gesagt: 'Das Reich Gottes ist inwendig in euch.' (Lk 17,21) Mit diesen Worten meinte der Herr die Gnade des Heiligen Geistes. Dieses Reich Gottes ist jetzt in Euch, und die Gnade des Heiligen Geistes erleuchtet und erwärmt uns, sie erfüllt die Luft mit Wohlgeruch, sie umgibt uns, beseligt unsere Sinne in himmlischem Entzücken und durchströmt unser Herz mit unbeschreiblicher Freude. Unser Zustand ist jetzt jener, von dem der Apostel sagt: 'Das Reich Gottes ist nicht Essen und Trinken, sondern Gerechtigkeit, Friede und Freude durch den Heiligen Geist.' (Röm 14,17)"[357)]

Daß es die Liebe zu Gott ist, die zur Freude führt, bestätigt auch der Karmelit Bruder Lorenz (Nicolas Herman, † 1691 in Paris), dessen Schriften ihn als "älteren geistigen Bruder" von Therese erkennen lassen: "Nachdem ich mich endgültig entschlossen hatte, bei meinem Tun und Lassen einzig die Liebe zu Gott zum Ziel meiner Handlungen zu machen, weiß ich, warum ich auf diesem Weg so glücklich bin." "Ich finde Freude an allem, was ich tue und lasse. Ich tue alle Dinge, auch die unscheinbarsten, aus Liebe zu Gott."[358)] Die Seelenverwandtschaft ist offensichtlich, das zeigen nicht nur diese Aussagen, sondern viele andere seiner Worte könnten durchaus auch von Therese gesprochen sein. Es wäre interessant nachzuforschen, ob und wieweit Therese die Schriften dieses karmelitischen Mitbruders gekannt hat.

Sosehr der "kleine Weg" der Weg der Liebe ist, einer kindlich-hingebenden Liebe, sosehr ist er auch der Weg der wahren Freude. Denn, "wenn einer vor Liebe brennt, ist sein Herz voller Freude."[359)] Sehr treffend charakterisieren auch die folgenden Worte des Thomas von Aquin Thereses Wesen: "Das Kennzeichen aller, die es zur vollkommenen

Liebe gebracht haben, ist eine ausnehmende und unerschütterliche Fröhlichkeit, eine überraschende, dauerhafte, zwanglose, kindliche Heiterkeit. Von Gott haben sie nichts zu fürchten, mit sich selbst sind sie 'im reinen': Warum sollten sie da nicht fröhlich sein?"[360)]

Ein Höhepunkt von Thereses Dichtkunst ist das Gedicht "Aus Liebe leben!", und das nicht nur, weil es ihr "Lebensprogramm" wiedergibt. Die erste Strophe lautet:

"Am Abend der Liebe, ohne Gleichnis redend,
Sprach Jesus: 'Wenn jemand mich lieben will
Sein ganzes Leben lang, so daß er mein Wort bewahrt,
Werden mein Vater und ich kommen, ihn zu besuchen.
Und wenn er sein Herz zu unserer Bleibe macht,
Werden Wir, wenn Wir zu ihm kommen, ihn immer lieben! ...
Wir wollen, daß er von Freude erfüllt bleibe
In unserer Liebe!...'"[361)]

Anhang 2

Das reine Herz

"Kommt alle zu mir, die ihr euch plagt und schwere Lasten zu tragen habt. Ich werde euch Ruhe verschaffen." (Mt 11,28) Welche Last drückt stärker zu Boden als die Sündenlast? Welches Elend vereinsamt mehr als das des verlorenen Sohnes, wie es der Herr beschreibt? (vgl. Lk 15,11–32) Welche Begegnung hinterläßt einen tieferen Eindruck als die zwischen dem erbarmungsvollen Vater und dem Sohn, der zum Leben zurückgefunden hat? "Ebenso wird auch im Himmel mehr Freude herrschen über einen einzigen Sünder, der umkehrt, als über neunundneunzig Gerechte, die es nicht nötig haben umzukehren." (Lk 15,7) In seinem Apostolischen Schreiben "Über die christliche Freude" weist Papst Paul VI. darauf hin, "daß die häufige Beichte eine bevorzugte Quelle der Heiligkeit, des Friedens und der Freude darstellt."[362)]

Therese empfängt an allen großen Feiertagen das Sakrament der Buße, für sie ist das jedesmal ein "wahres Fest". So schreibt sie: "Als ich den Beichtstuhl verließ, war mir so selig und leicht zumute, daß ich nie zuvor soviel Freude in meiner Seele verspürt hatte."[363)] "Wahrhaft süße Tränen entströmten meinen Augen."[364)]

Diese freudig-friedvolle Erfahrung aufgrund der "Wieder-Reinwaschung" machen auch andere begnadete Menschen. Zum Beispiel Bruder Lorenz, der sich so ausdrückt: "Wenn ich so vor Gott gestanden bin, kehre ich friedvoll zu meiner gewohnten Übung der Liebe und der Andacht zurück."[365)]

Der heilige Franz von Assisi sagt einmal zu einem Bruder, der ein mürrisches Gesicht macht: "Warum schaust du so traurig drein? Hast du eine schwere Sünde begangen? Weißt du, einen anderen Grund zur Traurigkeit gibt es nicht".[366)] Franziskus will bei seinen Mitbrüdern immer ein heiteres Antlitz sehen, weil er das als ein Zeichen versteht, daß sie in der Gnade und Freundschaft Gottes stehen. Und sollte ihn selbst Traurigkeit oder Mutlosigkeit befallen, so braucht er nur die Freudigkeit seiner Brüder zu betrachten, um von dieser Versuchung bald wieder frei zu sein.[367)]

Nochmals sei hier auf Mutter Teresa von Kalkutta verwiesen, die ihren eigenen Namenstag am Fest der "kleinen" Therese feiert. Sie schreibt: "Nichts schützt uns besser vor Versuchungen als die Freude. Ein frohes Herz weiß, wie es sich vor dem Teufel schützen kann."[368)]

Zweifellos besteht ein innerer Zusammenhang zwischen einem reinen Herzen und echter Freude. Wie ein gutes Gewissen die Ursache der geistlichen Freude ist, so ist andererseits diese Freude ein Kennzeichen dafür, daß der Mensch ein gutes Gewissen hat und in der Gnade und Freundschaft Gottes steht. Aus der Wirkung kann man auf die Ursache schließen, deshalb meint der heilige Bonaventura, die geistliche Freude sei das zuverlässigste Zeichen der innewohnenden Gnade.[369)]

NACHWORT

Therese besaß eine außergewöhnlich positive Lebenseinstellung, ihr Wesen bezeichnet sie selber als ein "fröhliches Naturell". In ihrer vertrauenden Liebe, ihrer Demut und ihrer Kämpfernatur läßt sie sich von keiner noch so schwierigen Situation "unterkriegen". "Ich finde stets ein Mittel, glücklich zu sein und aus meinem Elend Vorteil zu ziehen."[370] Es gelang ihr, das "Stroh" des Kummers und des Unangenehmen in das "Gold" der Zufriedenheit und Freude verwandeln zu lassen. So konnte sie auch noch aus allem Nutzen gewinnen, wenn es vorerst ihrem natürlichen Empfinden widerstrebte und ihr "Mittel" erst nach und nach wirksam wurde. "Ich sehe immer die gute Seite der Dinge. Es gibt Menschen, die nehmen alles so, daß es ihnen möglichst schwer fällt. Mit mir ist es das Gegenteil. Auch wenn es für mich nichts mehr gibt als reines Leiden, auch wenn der Himmel so schwarz ist, daß ich keinen Lichtstrahl sehe, nun, dann mache ich eben daraus ... meinen Ruhm."[371] Diese so optimistische Grundstimmung ihres Wesens, die ihr nicht immer in gleicher Weise zu eigen war, ließ sie den Weg der Freude finden.

Sie besaß eine spontane Originalität, wie sie sonst nur Kindern zu eigen ist. Oft blitzt und platzt beinahe alles von Schalkhaftigkeit und guter Laune.[372)] Sie hatte manchmal auch eine Art, von Gott zu sprechen, die unbescheiden und unehrerbietig anmutete. War das nicht die Freude des Sich-geliebt-und-geborgen-Wissens, in der sie sich zu solchen, fast übermütigen Aussprüchen "hinreißen" ließ? Ihre große Unmittelbarkeit zu Gott ließ auch ihre Kühnheit mehr und mehr wachsen.

Therese hielt sich äußerst genau an die Ordensregel und an die Klosterordnung, gönnte sich keine Erleichterung, wenn die beginnende Krankheit sich bemerkbar machte, denn man sehe es ohnehin, wenn sie umfalle. Sie hatte große Leiden zu erdulden, sie blieb von der "Nacht des Glaubens" nicht verschont, doch in all diesen körperlichen und geistigen Nöten bewahrte sie den Frieden und die Freude oder war damit zufrieden, sie für Gott zu entbehren. Diese geistigen Güter kann sich kein Mensch selber geben, sie sind Geschenk und können nur als solches empfangen werden. Therese hat sie niemals direkt angestrebt, sie hat sie erfahren dürfen: im Freude-Bereiten und in der selbstlosen Liebe.

Als abschließende Zusammenfassung des "kleinen Weges" der Freude soll sie in ihrem Gedicht noch einmal zu Wort kommen:

"Meine Freude

Es gibt Seelen auf Erden,
Die das Glück vergeblich suchen.
Doch für mich ist es gerade umgekehrt:
Die Freude findet sich in meinem Herzen.
Diese Freude dauert nicht nur einen Tag.
Ich besitze sie ohne Wechsel.
Wie eine Frühlingsrose
Lächelt sie mir jeden Tag zu.

Wirklich ich bin allzu glücklich.
Ich tue immer meinen Willen...
Sollte ich da nicht voll Freude sein
Und meine Fröhlichkeit nicht zeigen?
Meine Freude ist es, das Leiden zu lieben.
Ich lächle, auch wenn ich Tränen vergieße.
Mit Dankbarkeit nehme ich die Dornen an,
Die unter die Blumen gemischt sind.

Wenn der blaue Himmel dunkel wird
Und mich im Stich zu lassen scheint,
Ist es meine Freude, im Schatten zu bleiben,
Mich zu verbergen, mich zu verdemütigen.
Meine Freude, das ist der heilige Wille
Jesu, meiner einzigen Liebe.
So lebe ich ohne jede Furcht.
Die Nacht liebe ich ebenso wie den Tag.

Meine Freude ist es, klein zu bleiben.
Auch wenn ich auf dem Wege falle,
Kann ich mich sehr rasch wieder erheben,
Und Jesus nimmt mich bei der Hand.
Dann, Ihn mit Zärtlichkeiten überhäufend,
Sage ich Ihm, daß er alles für mich ist,
Und ich verdoppele die Zärtlichkeiten,
Wenn Er sich meinem Glauben entzieht.

Wenn ich manchmal Tränen vergieße,
Ist es meine Freude, sie gut zu verbergen.
O welchen Charme hat doch das Leiden,
Wenn man versteht, es unter Blumen zu verhüllen!
Ich will gerne leiden, ohne es zu sagen,
Auf daß Jesus getröstet sei!
Meine Freude ist es, Ihn lächeln zu sehen,
Während mein Herz in der Verbannung weilt.

Meine Freude ist es, ohne Unterlaß zu kämpfen,
Um Auserwählten zum Leben zu verhelfen.
Das von Zärtlichkeit brennende Herz
Will Jesus oft wiederholen:
"Mein göttlicher kleiner Bruder,
Ich bin glücklich, für Dich zu leiden.
Meine einzige Freude auf dieser Erde ist,
Dir Freude machen zu können.

Ich möchte noch recht lange leben,
Herr, wenn dies Dein Wunsch ist.
In den Himmel möchte ich Dir folgen,
Wenn Dir dies Freude macht.
Die Liebe, dieses Feuer des Vaterlandes,
Hört nicht auf, mich zu verzehren.
Der Tod oder das Leben, was können sie mir anhaben?
Jesus, meine Freude ist es, Dich zu lieben!"[373]

ABKÜRZUNGEN

B Balthasar H. U. von, Schwestern im Geiste. Therese von Lisieux und Elisabeth von Dijon, Einsiedeln [4]1990

Br Briefe der heiligen Therese von Lisieux. Deutsche authentische Ausgabe, Leutesdorf [3]1983

C Céline Martin, Die kleine Therese von Lisieux. Aufzeichnungen und Erinnerungen ihrer Schwester, München 1985

CE Combes A., Einführungen in das Geistesleben der hl. Theresia vom Kinde Jesu, Kirnach-Villingen 1951

G Görres I. F., Das verborgene Antlitz. Eine Studie über Therese von Lisieux, Freiburg 1944

Gb Therese von Lisieux. Gebete der Liebe. Mit einer Einführung von Herbstrith W., München 1990

GC Gaucher G., Chronik eines Lebens. Schwester Therese vom Kinde Jesus vom heiligen Antlitz, Leutesdorf [2]1989

Gd Gedichte der heiligen Theresia von Lisieux. Eine Prosaübersetzung von Breig M., Leutesdorf, 1990

Ge Geschichte einer Seele (verwendet für: Ratschläge und Erinnerungen). In neuer Übertragung von Adrienne von Speyr, Einsiedeln 1947

GL Gaucher G., Der Leidensweg der heiligen Therese von Lisieux. Deutsche authentische Ausgabe, Leutesdorf ^{2}1985

Ig Ich gehe ins Leben ein. Letzte Gespräche der Heiligen von Lisieux. Deutsche authentische Ausgabe, Leutesdorf 1979

Nv Novissima Verba. Derniers entretiens de Sainte Thérèse de l'Enfant-Jésus, Lisieux 1926

SS Therese von Lisieux. Selbstbiographische Schriften. Authentischer Text nach der von P. Francois de Sainte-Marie O.C.D. besorgten und kommentierten Ausgabe, ins Deutsche übertragen von Dr. O. Iserland und C. Capol, Einsiedeln ^{12}1991

LITERATUR

1) Primärliteratur

Briefe der heiligen Therese von Lisieux. Deutsche authentische Ausgabe, Leutesdorf ^{3}1983

Céline Martin, Die kleine Therese von Lisieux. Aufzeichnungen und Erinnerungen ihrer Schwester, München 1985

Gedichte der heiligen Theresia von Lisieux. Eine Prosaübersetzung von Breig M., Leutesdorf, 1990

Geschichte einer Seele (verwendet für: Ratschläge und Erinnerungen). In neuer Übertragung von Adrienne von Speyr, Einsiedeln 1947

Ich gehe ins Leben ein. Letzte Gespräche der Heiligen von Lisieux. Deutsche authentische Ausgabe, Leutesdorf 1979

Manuscrits autobiographiques, tome II, Notes et tables, Lisieux 1956

Novissima Verba. Derniers entretiens de Sainte Thérèse de l'Enfant-Jésus, Lisieux 1926

Therese von Lisieux. Gebete der Liebe. Mit einer Einführung von Herbstrith W., München 1990

Therese von Lisieux. Selbstbiographische Schriften. Authentischer Text nach der von P. Francois de Sainte-Marie O.C.D. besorgten und kommentierten Ausgabe, ins Deutsche übertragen von Dr. O. Iserland und C. Capol, Einsiedeln ^{12}1991

2) Sekundärliteratur zu Therese von Lisieux

Balthasar H. U. von, Schwestern im Geiste. Therese von Lisieux und Elisabeth von Dijon, Einsiedeln ^{4}1990

Bayer B., Konfliktbewältigung bei Theresia vom Kinde Jesus, Leutesdorf 1988

Breig M., Mehr Mutter als Königin. Die Marienverehrung der heiligen Theresia vom Kinde Jesus, Leutesdorf ^{2}1985

Combes A., Einführung in das Geistesleben der hl. Theresia vom Kinde Jesu, Kirnach-Villingen 1951

Correspondance generale, Cerf-DDB, 2 tomes, 1972-1974

Gaucher G., Chronik eines Lebens. Schwester Therese vom Kinde Jesus vom heiligen Antlitz, Leutesdorf ^{2}1989

Gaucher G., Der Leidensweg der heiligen Therese von Lisieux. Deutsche authentische Ausgabe, Leutesdorf ^{2}1985

Görres I. F., Das verborgene Antlitz. Eine Studie über Therese von Lisieux, Freiburg 1944

Neubert E., Sainte Thérèse de l'Enfant Jésus et la Sainte Vierge, Paris 1962

Ritzel F., Die Heilige des Lächelns. In: Theresienkalender 1993, hg. v. Verlag der Schulbrüder, Karlsruhe 1993

Stertenbrink R., Allein die Liebe. Worte der heiligen Theresia von Lisieux, Freiburg ^{5}1980

Vierge V. de la, Theresia von Lisieux. Lehrmeisterin des geistlichen Lebens, Friedberg bei Augsburg 1958

3) Allgemeine Literatur

Auer A., Freude. In: Lexikon für Theologie und Kirche, hg. v. Höfer J., Rahner K., Freiburg 1960

Bill J., Heiterkeit von innen. Bildmeditationen, Stuttgart ^{6}1983

Braun H. S., Vom Humor des Christen. Ein Kapitel über frohe und unfrohe Frömmigkeit, Innsbruck ^{2}1948

Der Bericht über das Leben des heiligen Franz von Assisi oder der Spiegel der Vollkommenheit (Nach der lateinischen Urschrift übersetzt von Rüttenauer W.), München 1981

Die Schriften des heiligen Franz von Assisi (Einführung, Übersetzung, Erläuterung von Eßer K. und Hardick L.), Werl 1963

Grignion L. M. Montfort von, Das Goldene Buch der vollkommenen Hingabe an Jesus durch Maria. Brief an die Freunde des Kreuzes, Freiburg/Schweiz [22]1980

Groër H. H. Kardinal, Die Einwohnung der Allerheiligsten Dreifaltigkeit in der Seele der Gerechten (Vortrag), Laxenburg 1993

Groër H., Innerliches Leben. In: Regina Legionis 6 (1983)

Groër H., Innerliches Leben. In: Regina Legionis 2 (1984)

Johannes vom Kreuz, Das Lied der Liebe, Einsiedeln [2]1979

Lortz J., Der unvergleichliche Heilige, Düsseldorf 1952

Mutter Teresa, Gedanken für jeden Tag, Freiburg [2]1992

Neisinger O., Kirche der Freude, Würzburg 1961

Nicolas Herman (Bruder Lorenz), Du bist mir nahe. Gespräche und Briefe, Aschaffenburg [6]1988

Nigg W., Was bleiben soll, Freiburg 1973

Papst Paul VI., Apostolisches Schreiben: Über die christliche Freude. Von den deutschen Bischöfen approbierte Übersetzung, Trier 1976

Rahner H., Der spielende Mensch, Einsiedeln 1990

Ratzinger J. Kardinal, Diener eurer Freude. Meditation über die priesterliche Spiritualität, Freiburg 1988

Rodriguez A., Übung der christlichen Vollkommenheit. Band II. In neuer Bearbeitung von Schmid M., Regensburg 1933

Thomas von Aquin, Theologische Summe 1. II. Frage 28 Deutsche Thomasausgabe XVII A, Heidelberg 1959

Wallhof H., Freude. In: Praktisches Lexikon der Spiritualität, hg. v. Schütz C., Freiburg 1988

Wendelborn G., Franziskus von Assisi - Eine historische Darstellung, Wien 1982

Wu-Kien Yong J., Die Wissenschaft der Liebe. Das Glaubenbekenntnis eines östlichen Christen, Freiburg/Schweiz 1944

Zander V., Seraphim von Sarow, Düsseldorf 1965

ANMERKUNGEN

1) Gd 117f
2) vgl. Wallhof H., Freude. In: Praktisches Lexikon der Spiritualität, hg. v. Schütz C., Freiburg 1988, 407
3) vgl. Auer A., Freude. In: Lexikon für Theologie und Kirche, hg.v. Höfer J., Rahner K., Freiburg 1960, 361
4) aus der Weihnachtsliturgie
5) Ratzinger J. Kardinal, Diener eurer Freude. Meditation über die priesterliche Spiritualität, Freiburg 1988, 49
6) vgl. Papst Paul VI., Apostolisches Schreiben: Über die christliche Freude. Von den deutschen Bischöfen approbierte Übersetzung, Trier 1976, 14ff
7) SS 11
8) SS 11
9) SS 21f
10) Br 9
11) vgl. SS 16
12) vgl. GC 28
13) vgl. B 136
14) SS 26
15) SS 29
16) SS 60f
17) vgl. Neubert E., Sainte Thérèse de l'Enfant Jésus et la Sainte Vierge, Paris 1962, 21
18) Br 187
19) Neubert 42
20) Breig M., Mehr Mutter als Königin. Die Marienverehrung der heiligen Theresia vom Kinde Jesus, Leutesdorf [2]1985, 21f
21) Ig 87
22) SS 52f
23) SS 62
24) SS 62f
25) vgl. Breig 96
26) SS 74
27) Br 346f
28) vgl. Neubert 146 Anm.
29) Br 120
30) Breig 100
31) siehe Anhang
32) SS 56
33) SS 96
34) Br 312
35) SS 97
36) vgl. GC 90f
37) SS 102
38) SS 106
39) SS 105

40) SS 120
41) Br 313
42) SS 123ff
43) SS 121
44) SS 141
45) SS 132f
46) SS 144f
47) SS 139f
48) Br 43
49) vgl. GC 125
50) SS 152f
51) SS 153
52) SS 169
53) SS 173
54) SS 175
55) C 29f
56) SS 192
57) vgl. CE 272f
58) SS 192f; vgl. Br 432
59) G 432
60) Nv 107f; vgl. Ig 137
61) Ge 236
62) vgl. B 248
63) Br 382; vgl. Br 365
64) Br 313
65) Nv 113; vgl. Ig 157
66) C 78
67) C 112
68) SS 165
69) Br 188
70) Br 342
71) Im Manuskript steht heute: "acht", weil Mutter Marie de Gonzague, die die Widmung des Buches an sie gewünscht hatte, 1896 zur Priorin erwählt wurde, Therese aber 1888 eingetreten war. Als dann das Manuskript seine ursprüngliche Widmung an Mutter Agnès de Jésus wiedererhielt, blieb die Zahl irrtümlich stehen.
72) SS 66
73) vgl. SS 199
74) vgl. GC 188
75) Ge 282
76) B 231
77) Ge 251
78) SS 193
79) Nv 112f; vgl. Ig 141
80) vgl. B 234
81) G 424
82) Ge 253
83) Br 316
84) Nv 55f; vgl. Ig 87

85) Ge 239
86) Nv 122; vgl. Ig 150
87) Nv 110f; vgl. Ig 142f
88) Ge 250
89) Nv 99; vgl. Ig 129
90) Nv 7; vgl. Ig 43
91) B 240
92) SS 214
93) SS 215
94) vgl. B 241
95) Nv 57
96) Ge 237; vgl. Ig 152
97) Nv 37; vgl. Ig 71
98) vgl. Br 304
99) SS 101
100) B 246
101) Ge 236f
102) Ge 271
103) Nv 33; vgl. Ig 64
104) Nv 6f; vgl. Ig 43
105) Ge 251
106) vgl. Ge 245
107) C 35
108) Br 67
109) Ge 321; vgl. Br 144
110) vgl. SS 237; vgl. SS 201
111) Br 105
112) Br 115
113) Br 303f
114) Nv 188; vgl. Ig 223
115) Ge 235
116) SS 204ff
117) vgl. B 266f
118) Nv 45f; vgl. Ig 79
119) Br 103
120) Br 321
121) Br 414f
122) SS 177f
123) B 269
124) Br 150f
125) Br 382
126) Nv 171; vgl. Ig 200
127) Br 292
128) Ge 241f
129) Nv 97; vgl. Ig 127
130) SS 164
131) Nv 43; vgl. Ig 76
132) SS 257f
133) Br 351f

134) vgl. C 112
135) B 272f
136) Br 341
137) SS 217
138) Therese meint damit den Missionar P. Roulland
139) Br 349
140) SS 100f
141) Thomas von Kempen, Nachfolge Christi III 26,3
142) SS 79
143) Thomas von Kempen, Nachfolge Christi I 2,3
144) Thomas von Kempen, Nachfolge Christi III 49,7
145) SS 157
146) Thomas von Kempen, Nachfolge Christi III 49
147) Thomas von Kempen, Nachfolge Christi I 2
148) Br 259f
149) Thomas von Kempen, Nachfolge Christi II 12
150) Br 333
151) Ig 54
152) vgl. Bayer B., Konfliktbewältigung bei Theresia vom Kinde Jesus, Leutesdorf 1988, 12–37
153) SS 184
154) Vierge V. de la, Theresia von Lisieux. Lehrmeisterin des geistlichen Lebens, Friedberg bei Augsburg 1958, 143
155) vgl. Vierge 142f
156) SS 234ff
157) SS 263
158) Ig 147
159) B 160
160) Circulaire necrologique ... Lisieux 8 septembre 1929
161) SS 164
162) Ig 97
163) Br 416, Pkt 120,1
164) Br 155ff
165) SS 170
166) vgl. Correspondance generale, Cerf–DDB, 2 tomes, 1972–1974, 580
167) SS 261f
168) SS 262f
169) Manuscrits autobiographiques, tome II, Notes et tables, Lisieux 1956, 77
170) SS 263f
171) SS 264
172) G 258
173) vgl. B 159
174) SS 232
175) vgl. Vierge 137
176) Br 373
177) B 295
178) Br 38f
179) SS 138
180) B 294ff

181) SS 163
182) vgl. SS 228f
183) Nv 70; vgl. Ig 104f
184) Nv 95; vgl. Ig 125
185) Nv 135
186) Nv 47f; vgl. Ig 81
187) Br 369
188) Gd 141f
189) Br 374
190) Nv 109; vgl. Ig 140
191) Nv 26; vgl. Ig 57f
192) Nv 34; vgl. Ig 66
193) vgl. B 307f
194) Nv 136; vgl. Ig 160
195) Nv 140; vgl. Ig 164
196) Nv 152; vgl. Ig 182
197) Nv 75; vgl. Ig 105
198) Nv 97; vgl. Ig 127
199) Nv 173; vgl. Ig 202
200) Ge 214
201) Nv 66; vgl. Ig 98
202) SS 264f
203) SS 163
204) SS 215
205) Br 204
206) Br 375
207) Br 357
208) Rahner H., Der spielende Mensch, Einsiedeln 1990, 9
209) ebd. 54
210) vgl. B 280f
211) SS 139f
212) Br 92f
213) Ge 264
214) SS 155f
215) B 285
216) Br 144
217) B 286
218) Br 381f
219) SS 269
220) B 126
221) Nigg W., Was bleiben soll, Freiburg 1973, 492
222) Br 201
223) Ge 246
224) G 384
225) Ge 222
226) C 21
227) Br 218; vgl. Gd 75; vgl. Br 156
228) Gb 63
229) Nv 81; vgl. Ig 110

230) SS 259
231) Br 378
232) vgl. Ritzel F., Die Heilige des Lächelns. In: Theresienkalender 1993, hg. v. Verlag der Schulbrüder, Karlsruhe 1993, 47
233) GL 312
234) vgl. Stertenbrink R., Allein die Liebe. Worte der heiligen Theresia von Lisieux, Freiburg [5]1980, 232
235) Bill J., Heiterkeit von innen. Bildmeditationen, Stuttgart [6]1983, 26
236) C 148
237) aus Spanien; unbekannter Verfasser
238) Die Schriften des heiligen Franz von Assisi (Einführung, Übersetzung, Erläuterung von Eßer K. und Hardick L.), Werl 1963, 94
239) Wendelborn G., Franziskus von Assisi – Eine historische Darstellung, Wien 1982, 144
240) Ig 17
241) Gb 11f
242) Der Bericht über das Leben des heiligen Franz von Assisi oder der Spiegel der Vollkommenheit (Nach der lateinischen Urschrift übersetzt von Rüttenauer W.), München 1981, 124f
243) vgl. Lortz J., Der unvergleichliche Heilige, Düsseldorf 1952, 57
244) Br 107
245) SS 200f
246) SS 201f
247) vgl. Br 144f
248) Br 151f
249) Br 95
250) Br 150
251) Br 146f
252) Br 201
253) SS 271f
254) Br 376
255) Br 135
256) vgl. SS 171; vgl. Br 276ff
257) Br 292f
258) Br 145
259) Johannes vom Kreuz, Das Lied der Liebe, Einsiedeln [2]1979, 74
260) vgl. Br 414 Pkt 109,2
261) Br 115
262) Ig 95
263) Br 150
264) Ig 83
265) Br 358f
266) B 227
267) Br 344
268) Br 251
269) SS 207
270) SS 197
271) SS 113
272) SS 199

273) SS 183
274) Wu-Kien Yong J., Die Wissenschaft der Liebe. Das Glaubenbekenntnis eines östlichen Christen, Freiburg/ Schweiz 1944, 34
275) SS 73
276) SS 75
277) SS 104
278) Groër H. H. Kardinal, Die Einwohnung der Allerheiligsten Dreifaltigkeit in der Seele der Gerechten (Vortrag), Laxenburg 1993, 3
279) Br 240
280) aus der Pfingstsequenz
281) Groër H., Innerliches Leben. In: Regina Legionis 2 (1984) 37
282) Nicolas Herman (Bruder Lorenz), 58
283) Br 345
284) Br 292
285) Das berühmte Wort der Theresia von Avila
286) Groër H., Innerliches Leben. In: Regina Legionis 6 (1983) 180f
287) vgl. ebd. 181
288) vgl. Br 427 Pkt 154,2
289) Br 369
290) Ig 134
291) SS 75f
292) vgl. B 213ff
293) Ig 147
294) Br 109
295) Grignion L. M. Montfort von, Das Goldene Buch der vollkommenen Hingabe an Jesus durch Maria. Brief an die Freunde des Kreuzes, Freiburg/ Schweiz [22]1980, 335
296) vgl. ebd. 334ff
297) Br 95
298) Br 112
299) Br 98
300) Br 97
301) Grignion 321
302) Ig 134
303) Br 368
304) Ig 160
305) Br 214
306) SS 260
307) Br 54
308) SS 219ff
309) Gd 142
310) SS 222
311) vgl. Br 201
312) Groër H. H. Kardinal 6
313) Br 212
314) Br 127
315) Ig 15
316) vgl. Ig 14ff
317) vgl. C 129

318) Ig 215
319) vgl. GL 175ff
320) GL 177
321) GL 178
322) Ig 241
323) vgl. GL 179
324) Ig 172
325) Ig 18
326) Ig 70
327) GL 181f
328) Ig 299f
329) Ig 85
330) Ig 129
331) Ig 161
332) Ig 219f
333) Ig 203
334) Ig 174
335) Ig 86
336) Ig 171
337) Ig 85
338) SS 218
339) Ig 299
340) C 132f
341) Ig 211
342) Anspielung auf 1 Kön 14, wo erzählt wird, daß sich die Frau des Jerobeam verkleidete, um unerkannt den Propheten Ahija aufzusuchen.
343) Ig 160
344) Ig 204
345) vgl. GL 188
346) Ig 20
347) Ig 226ff
348) Papst Paul VI., 49
349) Thomas von Aquin, Theologische Summe 1. II. Frage 28 Deutsche Thomasausgabe XVII A, Heidelberg 1959, 197
350) vgl. ebd. 467
351) vgl. ebd. 509
352) ebd. 204
353) ebd. 207
354) vgl. ebd. 513
355) Mutter Teresa, Gedanken für jeden Tag, Freiburg ²1992, 127
356) Zander V., Seraphim von Sarow, Düsseldorf 1965, 139f
357) ebd. 141
358) Nicolas Herman (Bruder Lorenz), Du bist mir nahe. Gespräche und Briefe, Aschaffenburg ⁶1988, 13ff
359) Mutter Teresa 146
360) Neisinger O., Kirche der Freude, Würzburg 1961, 77
361) Gd 56
362) Papst Paul VI., 71
363) SS 36

364) SS 104

365) Nicolas Herman (Bruder Lorenz), 15

366) Braun H. S., Vom Humor des Christen. Ein Kapitel über frohe und unfrohe Frömmigkeit, Innsbruck [2]1948, 64f

367) vgl. Rodriguez A., Übung der christlichen Vollkommenheit. Band II. In neuer Bearbeitung von Schmid M., Regensburg 1933, 366

368) Mutter Teresa, 144

369) Rodriguez 366

370) SS 176

371) Ig 52f

372) vgl. SS VII

373) Gd 141ff

INHALTSVERZEICHNIS